NOTIONS

DE

SCIENCES POLITIQUES

ET DE

DROIT CIVIL

à l'usage des candidats à Saint-Cyr

et des élèves de la classe de 3ᵉ B

PAR

Ed. CHARLOT

Docteur en droit, Avocat à la Cour d'Appel de Paris.

PARIS

LIBRAIRIE NONY & Cⁱᵉ

63, BOULEVARD SAINT-GERMAIN, 63

1903

(Tous droits réservés)

NOTIONS

DE SCIENCES POLITIQUES

ET DE DROIT CIVIL

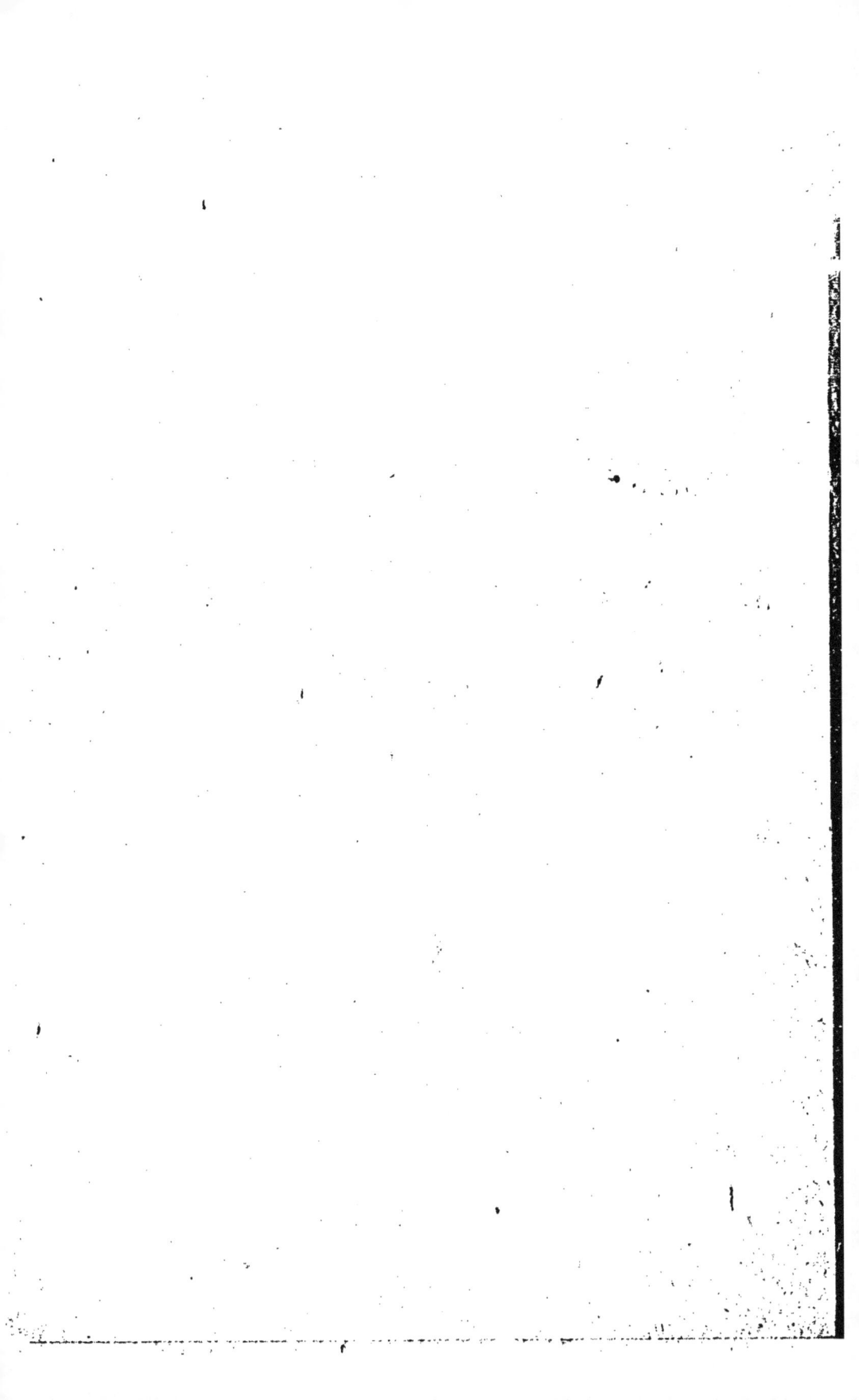

NOTIONS

DE

SCIENCES POLITIQUES

ET DE

DROIT CIVIL

à l'usage des candidats à Saint-Cyr

et des élèves de la classe de 3e B

PAR

Ed. CHARLOT

Docteur en droit, Avocat à la Cour d'Appel de Paris.

——————

•

PARIS

LIBRAIRIE NONY & Cie

63, BOULEVARD SAINT-GERMAIN, 63

——

1903

(Tous droits réservés)

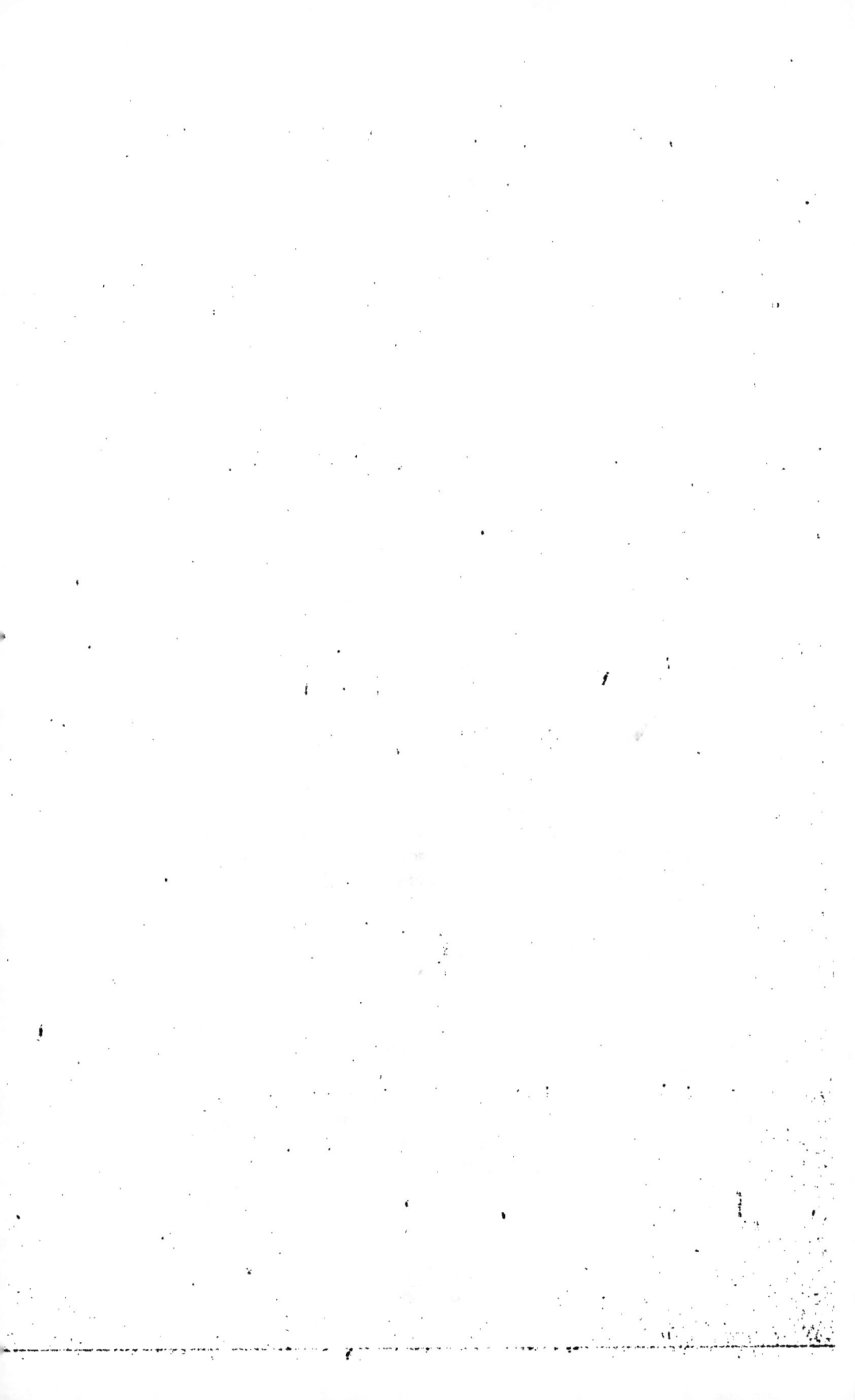

NOTIONS DE SCIENCES POLITIQUES
ET DE DROIT CIVIL

INTRODUCTION

Le droit public des Français se compose, comme la société française elle-même, d'éléments très divers et parfois contradictoires. En principe, notre droit public est sorti de l'œuvre des Assemblées révolutionnaires. Il découle essentiellement de la célèbre Déclaration des Droits de l'Homme et du Citoyen et des principes généraux posés par la Constitution de 1791. Mais le droit actuel contient encore beaucoup d'éléments empruntés à la France de l'ancien régime. Quoique le droit révolutionnaire puisse être considéré comme ayant implicitement abrogé toute la législation antérieure, cependant, lorsque cette abrogation n'a pas été explicite, certaines lois de l'ancien régime ont conservé une sorte de survie. Cette observation s'applique surtout en matière administrative et de police : on verra, par exemple, un préfet, un préfet de police du régime actuel invoquer, parmi les considérants d'un arrêté, telle ordonnance royale ou telle ordonnance de lieutenant de police antérieure à 1789.

D'autre part, le droit créé par les Assemblées révolutionnaires a été fortement remanié par la volonté personnelle de Napoléon Ier; il y a réintégré des éléments empruntés à l'ancien régime, il y a introduit des modifications destinées à rendre plus facile le fonctionnement du régime absolu et de la centralisation administrative. Notre Code civil, parfois nommé *Code Napoléon*, est loin de ressembler trait pour trait au Code civil des Français, tel qu'il avait été élaboré par les Assemblées révolutionnaires. Sur bien des points, le Code Napoléon constitue un recul, recul vers l'ancien régime, recul même vers les conceptions romaines. Le travail législatif et le travail de la jurisprudence au xixe siècle ont consisté en grande partie à dépouiller le droit français moderne de ces éléments adventices, entés par Napoléon sur le tronc révolutionnaire, et à revenir à la tradition des grandes assemblées. Cette œuvre est loin d'être terminée.

Dans l'ordre politique et administratif, l'influence napoléonienne est plus visible encore. Au régime largement décentralisateur de la Constituante, aux conceptions hardiment démocratiques de la Convention, Napoléon Iᵉʳ a substitué une centralisation plus complète et surtout plus cohérente que celle de l'ancienne monarchie. Cette organisation a survécu, presque sans aucune modification, jusqu'à nos jours : la monarchie parlementaire, le second empire, la République se sont successivement installés dans les cadres napoléoniens sans les détruire, presque sans les modifier.

Un nouvel élément tend aujourd'hui à s'introduire dans notre droit public, à la fois dans le domaine civil et dans le domaine politique. Devant les progrès de la grande industrie et la concentration croissante du capital, la question des rapports entre le capital et les collectivités de travailleurs passent au premier plan. La liberté de ceux qui n'ont d'autre propriété que leur force de travail, l'égalité entre eux et les détenteurs du capital ne semblent pas pouvoir être suffisamment garantis par une organisation sociale où l'État, simple entité métaphysique, serait une puissance neutre, plutôt indifférente qu'impartiale, entre des individus considérés théoriquement comme égaux. Aussi, pour transformer cette liberté théorique et cette égalité théorique en liberté et en égalité de fait (il s'agit d'une égalité en droit, mais il faut que l'égalité en droit soit réelle et non fictive), en un mot pour établir la *justice*, il y a tendance croissante à faire intervenir de plus en plus l'État dans des domaines qui semblaient jusqu'à présent devoir uniquement relever des conventions particulières.

Ainsi donc : principes révolutionnaires, traditions de l'ancien régime, influences napoléoniennes, tendance croissante à l'intervention de l'État en faveur des moins bien armés, tels sont les éléments divers et parfois antagonistes qui concourent à l'élaboration et qui expliquent l'évolution de notre droit public.

§ **1. Notions générales.** — Les Français habitant un même territoire, réunis par la communauté d'origine, de langue, de traditions et d'aspirations, forment un *peuple* ou une *nation*.

L'Etat est la nation organisée politiquement, l'être collectif en possession de l'autorité supérieure ou *souveraineté*.

Cette souveraineté dont est revêtu l'Etat provient du peuple auquel elle appartient; ce principe de la *souveraineté nationale* a été proclamé par la Révolution Française dans l'art. 3 de la *Déclaration des droits de l'homme et du citoyen* (1) : « Le principe de toute souveraineté réside essentiellement dans la nation. Nul corps, nul individu ne peut exercer d'autorité qui n'en émane expressément. » Cette règle peut se traduire de la façon suivante : la puissance publique n'est instituée que dans l'intérêt des individus qui doivent pouvoir en régler l'organisation comme il leur plaît.

La forme d'Etat qui semble le mieux respecter le principe de la souveraineté nationale est celle du *gouvernement direct*, où le peuple directement consulté peut lui-même et immédiatement faire acte de souveraineté, par exemple, voter une loi. Ce système était suivi dans les petites républiques antiques. Il n'est plus compatible avec la complication de la vie moderne; la conduite des affaires publiques est devenue trop complexe pour être remise aux citoyens eux-mêmes dont l'immense majorité n'ont ni la capacité personnelle ni le temps suffisants. On est ainsi forcément conduit au *gouvernement représentatif*, où des délégués élus par le peuple exercent la souveraineté. Les citoyens choisissent pour les représenter celui d'entre eux qu'ils jugent le plus capable et le plus proche de leurs idées particulières. C'est ce système de gouvernement qui est adopté en France.

§ **2. Principe de la séparation des pouvoirs.** — Tous les attributs de la souveraineté de l'Etat peuvent être ramenés à deux ou trois pouvoirs principaux. C'est **Montesquieu** qui le premier a fait cette analyse devenue classique (2). Il distinguait trois pouvoirs : celui de faire les lois ou *législatif*, celui d'en assurer l'exécution ou *exécutif*, de les interpréter en cas de contestation ou *judiciaire*. La liberté politique

(1) Voir la *Déclaration*, HISTOIRE, page 11.
(2) *Esprit des Lois*, Livre XI, Chap. vi.

n'est assurée dans un État que si chacun des pouvoirs est confié à des représentants distincts et indépendants les uns des autres. Ainsi ils se contrebalanceront mutuellement et leur opposition seule préviendra les abus auxquels mène la toute-puissance, qu'elle appartienne à un homme ou à une assemblée. C'est là le principe de la **séparation des pouvoirs** (¹). Inscrit par la Révolution Française dans la *Déclaration des droits de l'homme et du citoyen* (²), il est la base de notre droit public (³). Du reste, il ne faut pas l'entendre d'une façon trop absolue ; par la force même des choses, la direction des affaires publiques nécessite la cohésion des différents pouvoirs et leur concordance dans l'action. L'empiètement des deux pouvoirs, législatif et exécutif, l'un sur l'autre, leur pénétration réciproque, pour ainsi parler, est très marquée. Le pouvoir exécutif participe au législatif par son droit à *l'initiative des lois* et la faculté qui lui est reconnue d'en exiger une *nouvelle délibération*. Le pouvoir législatif a une part importante à l'exercice du pouvoir exécutif par le contrôle qu'il exerce (*questions, interpellations*) et par son droit de forcer les ministres à se retirer devant un vote hostile (*règle de la responsabilité ministérielle*).

---

(1) Voici en quels termes Montesquieu le justifie : « Tout homme qui a du pouvoir est porté à en abuser ; il va jusqu'à ce qu'il trouve des limites... Pour qu'on ne puisse abuser du pouvoir, il faut que par la disposition des choses, le pouvoir arrête le pouvoir..... Lorsque dans la même personne ou dans le même corps de magistrature, la puissance législative est réunie à la puissance exécutrice, il n'y a point de liberté, parce qu'on peut craindre que le même monarque ou le même Sénat ne fasse des lois tyranniques pour les exécuter tyranniquement. Il n'y a point encore de liberté si la puissance de juger n'est pas séparée de la puissance législative et de l'exécutrice. Si elle était jointe à la puissance législative, le pouvoir sur la vie et la liberté des citoyens serait arbitraire, car le juge serait législateur. Si elle était jointe à la puissance exécutrice, le juge pourrait avoir la force d'un oppresseur. » *Esprit des Lois*, Livre XI, Chap. IV et Liv. XI, Chap. VI.

(2) Art. 16 : « Toute société dans laquelle la garantie des droits n'est pas assurée, ni la séparation des pouvoirs déterminée, n'a point de constitution. »

(3) La conséquence la plus immédiate du principe de la séparation des pouvoirs est que le pouvoir exécutif ne peut ni abroger ni modifier les lois. Il ne peut rien y ajouter qui n'y soit implicitement contenu, ni en donner une interprétation générale

Mais y a-t-il vraiment trois pouvoirs ? N'est-il pas permis plutôt de penser qu'il n'y en a en réalité que deux véritablement distincts, l'autorité judiciaire ne devant être considérée que comme une branche du pouvoir exécutif? Cette question n'a guère qu'une importance théorique, car partisans de l'une et l'autre théorie (¹) sont d'accord quant à l'organisation pratique à donner à la justice pour qu'elle offre aux citoyens des garanties suffisantes. Toutefois la rédaction de notre constitution actuelle ne permet guère de parler légalement d'un troisième pouvoir qui serait le pouvoir judiciaire. Dans la loi du 25 février 1875 *relative à l'organisation des pouvoirs publics*, on ne trouve ni le mot ni l'idée. Il en est de même dans la loi du 18 juillet 1875 *sur les rapports des pouvoirs publics.*

§ 3. Lois constitutionnelles. — L'organisation des *pouvoirs publics* ou pouvoirs constitués est réglée par des lois dites *constitutionnelles* ; l'ensemble de ces lois forme la **Constitution** du pays. Ces lois sont considérées comme supérieures aux lois ordinaires. Elles émanent en France des éléments mêmes qui composent le pouvoir législatif, mais réunis en une assemblée unique soumise à des règles particulières. En outre, elles ne peuvent être modifiées, *revisées*, qu'en observant les formes qu'elles ont elles-mêmes posées ; les matières ainsi réglées par la constitution sont soustraites au pouvoir législatif proprement dit. Le droit de proposer la

(1) Celle des trois pouvoirs s'appuie sur les considérations suivantes :
a) Le droit de décider si la loi est applicable dans tel ou tel cas particulier est un pouvoir propre qui ne peut être remis à l'exécutif ; ce serait sinon permettre à ce dernier d'appliquer ou de ne pas appliquer la loi au gré de ses intérêts. *b*) N'admettre que deux pouvoirs primordiaux, c'est conduire à ne considérer les juges que comme de simples délégués révocables, c'est permettre au pouvoir exécutif de trancher lui-même s'il lui plaît les litiges ou de casser les décisions rendues. — La seconde opinion à son tour prétend : *a*) Qu'entre la confection et l'exécution des lois, on ne saurait trouver place pour un moyen terme; quand on pourvoit à l'application, on assure l'exécution. *b*) Personne ne songe à comprendre dans le troisième pouvoir les tribunaux administratifs. Et pourtant s'ils n'appliquent point les mêmes lois que les tribunaux judiciaires, leur principe et leur raison d'être sont les mêmes. La justice est une.

revision des lois constitutionnelles appartient au **Président de la République** et aux membres des deux **Chambres**. Pour donner ouverture à la revision, cette demande doit réunir dans chacune des deux Assemblées la *majorité absolue* des voix. Après que chacune des deux chambres a pris cette résolution, elles se réunissent en **Assemblée Nationale** pour procéder à la revision (Loi du 25 février 1875, art. 8). Son *siège* est à Versailles (Loi du 22 juillet 1879, art. 3) ; son *bureau* est celui du Sénat (Loi du 16 juillet 1875, art. 11). Les *délibérations* de l'Assemblée Nationale doivent être prises à la *majorité absolue* des membres (Loi du 25 février 1875, art. 8). La forme républicaine du gouvernement ne peut faire l'objet d'une proposition de revision (Loi du 14 août 1884, art. 2).

Notre Constitution est très brève, ne formulant aucun principe théorique, n'énumérant même pas les *droits individuels* (¹) ; elle se contente de traiter succinctement l'organisation des pouvoirs législatif et exécutif et leurs rapports. La cause en est aux circonstances au milieu desquelles fut élaborée cette constitution. Les hommes qui après une lutte de cinq années l'ont conquise sur une Assemblée hostile au régime républicain se sont seulement attachés à faire décider l'essentiel, les règles pratiques, évitant les débats inutiles qu'auraient soulevés des déclarations de principe. Du reste, si l'Assemblée Nationale n'a pas repris et formulé à nouveau les grands principes proclamés par la Révolution Française dans la Déclaration des droits, il ne faudrait pas croire qu'elle les ait écartés pour cela. Elle les a, au contraire, considérés comme définitivement acquis, comme faisant partie de la conscience nationale et inscrits par la coutume à la base de notre droit public. La Constitution comprend trois lois : la loi du 24 février 1875, *relative à l'organisation du Sénat*, la loi du 25 février 1875, *relative à l'organisation des pouvoirs publics*, la loi du 16 juillet 1875, *sur les rapports des pouvoirs publics*. Elles ont été revisées une première fois en 1879 (loi du 21 juin) et une seconde en 1884 (loi du 14 août).

---

(1) On appelle ainsi les divers droits naturels qui assurent à l'individu la sécurité de sa personne et de ses biens, ainsi que l'indépendance de son activité intellectuelle et morale. Ils ont été admirablement énoncés par la Déclaration des droits de l'homme. Les principaux sont l'égalité civile, la liberté individuelle, la liberté de conscience, la liberté de réunion, la liberté de la presse.

CHAPITRE PREMIER

POUVOIR LÉGISLATIF

———

Des deux pouvoirs qui se partagent la souveraineté, le pouvoir législatif est prépondérant. C'est lui qui pose des limites à la souveraineté elle-même et en règle l'exercice par ses lois que l'exécutif n'a qu'à appliquer; c'est lui qui a le vote du budget dont dépend la marche de tous les pouvoirs et de toutes les fonctions publiques.

« Le pouvoir législatif s'exerce par deux assemblées : la Chambre des députés et le Sénat », ainsi s'exprime l'art. 1 de la loi constitutionnelle du 25 février 1875. Examinons successivement la composition et l'élection des Chambres, leur organisation, leurs attributions.

SECTION 1

Composition et élection des Chambres.

§ 1. Chambre des Députés. — « La Chambre des députés est nommée par le suffrage universel » (Loi 25 février 1875, art. 1). On appelle droit de *suffrage* celui de prendre part par sa *voix* ou son *vote* au gouvernement de l'État soit directement, soit indirectement en élisant des représentants. Les titulaires de ce droit sont les *électeurs*. Le droit de suffrage est *universel* quand il est accordé aux citoyens sans distinction de classe ou de fortune.

Il est *restreint* au contraire quand il n'est accordé qu'aux citoyens faisant partie d'une classe déterminée ou bien possédant une propriété d'une certaine valeur ou acquittant un certain chiffre d'impôt (*cens*). Du reste, sans recourir au suffrage restreint, on peut tempérer le suffrage universel par le système du *vote plural* qui accorde deux et même trois voix à diverses catégories de citoyens (chefs de famille, capacités). Le suffrage universel ou restreint peut être *direct* ou *indirect*. Il est direct quand les citoyens en possession du droit électoral peuvent immédiatement nommer leurs représentants. Il est indirect (à deux ou plusieurs degrés) quand ils ne peuvent que choisir un nombre limité d'électeurs qui eux nommeront les représentants ou ne feront encore que désigner de nouveaux électeurs.

Les électeurs sont inscrits sur les *listes électorales*. On est porté sur ces listes quand on est Français, mâle, majeur, âgé de vingt et un ans accomplis, domicilié dans la commune ou y résidant depuis six mois et quand on n'est enfin dans aucun des cas d'incapacité prévus par la loi (¹).

D'après le principe actuellement consacré par notre droit électoral, chaque électeur ne peut voter que pour un député: c'est ce qu'on appelle le *scrutin uninominal* (Loi ordinaire du 13 février 1889, art. 2) (²).

---

(1) Ces incapacités résultent de diverses condamnations. Voir art. 15 du décret organique sur l'élection des députés du 2 février 1852. D'autre part, le droit de vote est retiré aux militaires et marins de tous grades quand ils sont à leurs corps ou en fonctions. Ils en ont au contraire l'exercice s'ils sont en congé ou en non activité : V. art. 2, Loi 30 nov. 1875. Cette disposition a pour but d'écarter la politique de l'armée.

(2) Au scrutin uninominal d'arrondissement s'oppose le *scrutin de liste* par département, d'après lequel les électeurs peuvent voter chacun pour autant de députés qu'il en est accordé à l'ensemble du département. Ce dernier système a fonctionné pour les élections à l'Assemblée nationale. La Constitution de 1875 ne régla pas elle-même le mode d'élection des députés : ce fut une loi organique du 30 novembre qui établit le « scrutin individuel » sur les mêmes bases qu'aujourd'hui. Ce système fut écarté par la loi du 16 juin 1885 qui reprit le scrutin de liste; cette loi fut à son tour abrogée par celle de février 1889.

Ces deux systèmes électoraux tour à tour consacrés comportent l'un et l'autre leurs avantages et leurs inconvénients. En faveur du *scrutin de liste*, on dit qu'il agrandit pour ainsi dire le droit de l'électeur en lui permettant de concourir à la nomination de plusieurs députés, qu'il donne aux élections une portée politique et une valeur morale plus grandes, d'une part, en faisant des députés les représentants de tout un département et en écartant davantage de leurs programmes les questions d'intérêt local,

Il y a un député par arrondissement administratif dans les départements, et un par arrondissement municipal dans les villes de Paris et de Lyon. Les arrondissements dont la population totale dépasse 100 000 habitants nomment un député de plus par 100 000 habitants ou fraction de 100 000 habitants ; dans ce cas, les arrondissements sont divisés en autant de circonscriptions. Il est attribué un député au territoire de Belfort, six à l'Algérie, dix aux colonies. La Chambre comprend ainsi actuellement 581 députés.

Tout électeur âgé de vingt-cinq ans accomplis peut être nommé **député** (Loi 30 novembre 1875, art. 6). Ce principe comporte toutefois plusieurs catégories d'exceptions. La loi a établi des *inéligibilités* qui entraînent l'incapacité d'être élu et des *incompatibilités* d'où résulte pour un fonctionnaire nommé député l'obligation d'opter entre sa fonction et son mandat de représentant. Sont *inéligibles :* 1° les membres des familles ayant régné en France (Loi 22 juin 1886, art. 14); 2° les militaires et marins de tous grades de l'armée active

---

d'autre part, en rendant plus difficiles les manœuvres de pression du gouvernement ou de corruption du chef des candidats.

Les partisans du *scrutin d'arrondissement* font valoir qu'il est à la portée de tous et que, seul, il permet à chaque électeur de faire un choix personnel entre les candidats, tandis que ceux-ci sont, avec l'autre mode de scrutin, en dehors de la *tête de liste,* des étrangers pour la plupart des électeurs.

Mais le scrutin uninominal d'arrondissement se trouve pratiquement inconciliable avec le système de la *représentation proportionnelle* auquel s'intéresse de nos jours l'opinion publique. D'après ceux qui soutiennent ce système qualifié également de *représentation des minorités* tous les partis politiques doivent avoir dans les assemblées législatives un nombre de représentants proportionnel à l'importance numérique de chacun d'eux dans le pays. Il faut donc que chaque circonscription électorale comporte un nombre suffisant de députés pour que cette répartition proportionnelle des mandats entre les divers partis soit possible. Cette doctrine, en apparence d'une justice absolue, n'est pas une conséquence nécessaire du principe de la souveraineté nationale bien entendu; elle rend en outre difficile, grâce à l'émiettement des partis, le fonctionnement du gouvernement parlementaire, elle est enfin d'une organisation pratique très compliquée. Du reste, s'il n'y a pas en France de représentation légale et exacte des minorités, il y en a une de fait dans une certaine mesure, car il n'est pas de parti qui ne se trouve en majorité dans un certain nombre de circonscriptions.

même en état de non activité ou de disponibilité (Loi 30 nov. 1875, art. 7 (¹) ; 3° les individus qui n'ont pas « satisfait aux obligations imposées par la loi du 15 juillet 1889 sur le recrutement de l'armée » (Loi 14 août 1893) ; 4° sont enfin inéligibles, mais seulement dans l'étendue du ressort où ils exercent leur autorité, certains fonctionnaires qui pourraient abuser de leur influence pour s'imposer aux électeurs (Pour leur énumération, voir l'art. 12 de la loi du 30 nov. 1875). « L'exercice des fonctions publiques rétribuées sur les fonds de l'Etat est *incompatible* avec le mandat de député » (Loi 30 nov. 1875, art. 8). Sans ce principe, qui comporte du reste certaines exceptions, le Gouvernement pourrait se créer une majorité dans la Chambre en appelant ses membres à des fonctions recherchées. Cette règle s'applique dans deux hypothèses : ou bien un fonctionnaire est nommé député, et alors il « sera remplacé dans ses fonctions, si dans les huit jours qui suivront la vérification des pouvoirs, il n'a pas fait connaître qu'il n'accepte pas le mandat de député » (art. 8 même loi) ; ou bien un député est nommé ou promu à une fonction publique et « il cesse d'appartenir à la Chambre par le fait même de son acceptation » de la fonction (art. 11) (²).

On ne peut être candidat à la députation que dans une seule circonscription électorale à la fois. Cette *interdiction des candidatures multiples* a été posée par la loi du 17 juillet 1889 pour empêcher un député d'appeler sur son nom un trop grand nombre de voix et d'établir ainsi une sorte de plébiscite dangereux. Tout citoyen qui se présente aux élections doit donc faire une déclaration préalable de candidature le cinquième jour au plus tard avant le scrutin.

Les électeurs sont convoqués pour nommer les députés par décret du Président de la République. Les *élections générales* doivent se faire dans les soixante jours qui précèdent l'expiration des pouvoirs de la Chambre (Loi 15 juillet 1889, art. 6). Les *élections partielles*, à la suite de vacances par décès, démission ou autrement, ont lieu dans le délai de trois mois à partir de la vacance (Loi 30 nov. 1875, art. 16). Le vote a lieu

---

(1) Ne sont pas atteintes par cette incapacité certaines catégories d'officiers énumérées par la loi du 30 nov. 1875, art. 7.

(2) S'il s'agit d'une fonction non incompatible (V. art. 8 et 9 de la loi du 30 novembre 1875), le député pourra se représenter devant ses électeurs et être réélu.

au chef-lieu de la commune, il ne dure qu'un jour (art. 4, même loi) qui est généralement un dimanche.

Pour être élu, il faut réunir : 1° la *majorité absolue*, c'est-à-dire la moitié plus un des suffrages exprimés ; 2° un nombre de voix égal au *quart* des électeurs inscrits (Loi 30 nov. 1875, art. 18). Le scrutin est *secret*. On ne comprend point parmi les suffrages exprimés les bulletins blancs ou nuls. Si dans une circonscription, aucun candidat n'obtient la majorité voulue, il y a lieu le deuxième dimanche suivant à un second tour de scrutin. Cette fois, la *majorité relative* suffit.

« Les députés seront élus pour quatre ans. La Chambre se renouvelle intégralement (¹) » (Loi 30 novembre 1875, art. 15). Avec le *renouvellement intégral*, le mandat de chaque député ne peut avoir une durée indépendante de celle de l'Assemblée même ; les pouvoirs de tous expirent en même temps. A ce système s'oppose celui du *renouvellement partiel* dans lequel les mandats des divers députés expirent par séries successives donnant ainsi une continuité d'existence à l'Assemblée en son ensemble (²).

§ 2. **Sénat.** — D'après la loi constitutionnelle du 24 février 1875, le Sénat comprenait trois cents membres : 225 élus par les départements et les colonies au *scrutin de liste* et 75 *inamovibles* nommés à vie par l'Assemblée Nationale. Le *collège électoral* qui dans chaque département devait élire les sénateurs était composé des députés du département, des conseillers généraux, des conseillers d'arrondissement et des délégués élus, un par chaque conseil municipal, parmi les électeurs de la commune. Sur ces points la Constitution a été *revisée* à la suite de la loi du 14 août 1884 qui a détaché de la Constitution les art. 1 à 7 de la loi du 24 février 1875 en ne leur laissant plus que le caractère de dispositions législatives ordinaires. Ces articles furent ensuite abrogés par la loi du 9 dé-

---

(1) D'après la loi du 22 juillet 1893 ces périodes de quatre ans ou législatures prennent fin actuellement au 31 mai (1906, 1910, etc.).

(2) Ces deux modes ont leurs avantages. Le renouvellement partiel permet de conserver toujours au sein de la Chambre des représentants ayant l'expérience des débats et il assure davantage la continuation du travail législatif. Le renouvellement intégral a une plus grande valeur politique; il dégage périodiquement l'opinion du pays tout entier.

cembre 1884. D'après cette loi, les trois cents (¹) membres du Sénat sont tous élus par les départements et les colonies ; les inamovibles sont supprimés pour l'avenir (art. 1). En outre, la composition du collège électoral est modifiée en ce qu'il n'est plus attribué uniformément un seul délégué à tous les conseils municipaux, mais que ceux-ci élisent des délégués en nombre proportionné dans chaque commune à celui des conseillers municipaux (²).

Pour devenir sénateur, il faut être Français, âgé de quarante ans au moins, et jouir de ses droits civils et politiques (Loi 9 décembre 1884, art. 4). Sauf l'âge de quarante ans, ce sont les mêmes conditions que pour les députés. Les *inégibilités* sont les mêmes (³) (art. 4 et 5, loi 9 décembre 1884 ; art. 21, loi 2 août 1875). Les sénateurs sont également assimilés aux députés en ce qui concerne les *incompatibilités* (⁴) (Loi 9 déc. 1884; loi 26 décembre 1887). Par contre la loi sur les *candidatures multiples* ne s'applique pas au Sénat.

La *date des élections sénatoriales* est fixée par décret du Président de la République. Pour le renouvellement triennal, le gouvernement est libre de choisir la date ; pour les élections partielles, à la suite de vacances, la convocation des collèges électoraux doit se faire dans le délai de trois mois comme pour les députés.

Le *rôle* s'effectue au chef-lieu de département. Il ne dure qu'un jour et peut comprendre trois tours de scrutin. Pour les deux premiers, la majorité absolue et un nombre de voix égal au quart des électeurs inscrits sont exigés pour être élu ;

---

(1) Pour la répartition de ce chiffre entre les divers départements et colonies, voir loi 9 déc. 1884, art. 2.

(2) Ce mode d'élection des sénateurs, quoique dérivant du suffrage universel, n'en est pas absolument une application même indirecte à deux et trois degrés. Il y a ici une combinaison particulière instituée par la Constitution. Les électeurs sénatoriaux ne sont pas tous choisis pour remplir ce seul rôle d'électeur. Ils sont avant tout élus pour exercer certaines fonctions politiques ou administratives. A leurs fonctions est attaché le droit de participer à l'élection des sénateurs.

(3) Toutefois les maréchaux de France et les amiraux sont éligibles au Sénat.

(4) Cette assimilation n'existait pas dans les lois de 1875. — Le sénateur nommé à une fonction compatible avec son mandat n'est pas soumis comme le député à la réélection.

au dernier tour, la majorité relative suffit (Loi 2 août 1875, art. 14).

Les sénateurs sont nommés pour *neuf* ans. Le Sénat se renouvelle par tiers tous les trois ans. (Loi du 9 décembre 1884, art. 7).

Section II

Organisation des Chambres.

D'après la Constitution de 1875, le *siège* des deux Chambres était à Versailles (Loi du 25 février, art. 9). Mais cette disposition fut abrogée par une loi constitutionnelle du 21 juin 1879 et une loi ordinaire du 22 juillet 1879 l'a transféré à Paris.

Les élections faites, la composition des Chambres n'est pas pour cela définitive. « Chacune des Chambres est juge de l'éligibilité de ses membres et de la régularité de leur élection » (Loi 16 juillet 1875, art. 10). Quoique ce droit de *vérification des pouvoirs* soit à bien considérer un empiètement du pouvoir législatif sur l'autorité judiciaire, il est nécessaire pour assurer aux Chambres leur complète indépendance ; elles sont ainsi armées pour annihiler les manœuvres de pression ou de corruption que pourraient exercer le pouvoir exécutif ou les candidats sur les électeurs. A la suite de cette vérification des pouvoirs, certaines élections peuvent se trouver *invalidées*, c'est-à-dire annulées. En ce cas les opérations électorales sont recommencées.

Chaque Chambre élit elle-même chaque année son *bureau* composé d'un Président, qui a la direction des débats parlementaires, de vice-présidents, de secrétaires et questeurs. C'est aux Chambres seules qu'il appartient encore de faire le *règlement* de leur fonctionnement intérieur.

Les *séances* des Chambres sont *publiques* (art. 5, Loi 16 juillet 1875). En outre le compte rendu des débats est publié par le *Journal officiel*. Ce sont là de précieuses garanties pour les citoyens. « Néanmoins, chaque Chambre peut se former en *comité secret*, sur la demande d'un certain nombre de membres fixé par le règlement » (art. précité). Cette disposition est notamment utile à l'occasion de certains débats pour éviter la divulgation de faits intéressant la défense nationale. Du reste, chaque Assemblée peut décider ensuite à la majorité absolue que la séance sera reprise en public sur le même sujet.

Chaque membre des Assemblées est en possession de certains privilèges qui doivent lui assurer le libre exercice de son mandat : ce sont les *immunités parlementaires* (art. 13 et 14, loi 16 juillet 1875). Elles sont de trois sortes. a) Aucun député ou sénateur ne peut être poursuivi ou recherché à l'occasion de ses opinions ou de ses votes. b) Pendant la durée des sessions, il ne peut être poursuivi ou arrêté pour crime ou délit qu'il aurait commis, qu'avec l'autorisation de la Chambre dont il fait partie, sauf le cas de flagrant délit. c) Chaque Chambre peut faire cesser, toujours pendant la session, les poursuites commencées contre un de ses membres ou sa détention.

Les Chambres *siègent* cinq mois au moins chaque année. La session de l'une commence et finit en même temps que celle de l'autre (¹). Elles se réunissent chaque année le second mardi de janvier à moins d'une convocation antérieure faite par le Président de la République (Loi 16 juill. 1875, Art. 1). La clôture de la session est prononcée par le Président de la République (même loi, art. 2). En dehors de cette *session ordinaire*, les Chambres peuvent se trouver réunies *en session extraordinaire* soit par la volonté propre du Président, soit en exécution d'une demande faite dans l'intervalle des sessions par la majorité absolue des membres composant chaque Chambre (même art.) (²).

---

(1) Le principe de la *simultanéité des sessions* souffre les deux exceptions suivantes au profit du Sénat. 1° il se réunit de plein droit lorsque la Chambre des députés est dissoute par le Président de la République au moment où la Présidence devient vacante (art 3, Loi 16 juill. 1875); 2° il siège seul encore lorsqu'il fonctionne comme Haute-Cour de Justice. C'est au Sénat qu'il appartient exclusivement de juger le Président de la République accusé de trahison ou d'autres crimes ou délits. Il connaît également, mais concurremment avec les juridictions ordinaires, des crimes commis par les ministres dans l'exercice de leurs fonctions, et des attentats contre la sûreté de l'Etat.

(2) Dans la pratique actuelle, les Chambres sont quasi-permanentes, leur session ordinaire se prolongeant habituellement au-delà des cinq mois constitutionnels, jusqu'à l'ouverture de la session des Conseils généraux, et une session extraordinaire ayant toujours lieu vers le mois de novembre.

Section III

Attributions des Chambres.

Le Sénat et la Chambre procèdent à la confection des lois ; c'est leur attribution essentielle.

Mais il leur appartient encore : 1o d'élire le Président de la République ;

2o de reviser les lois constitutionnelles (1).

3o de surveiller le pouvoir exécutif dans la personne des ministres. Ce contrôle qui peut aboutir au renversement du ministère et à la démission forcée de ses membres, s'exerce par le moyen des *questions*, des *interpellations* et des *enquêtes parlementaires*. La *question* est une demande de renseignements adressée à un ministre par un membre de l'une des deux Chambres. Après les explications fournies par le ministre, le député ou le sénateur a le droit de lui répondre une fois et tout est fini. Dans l'*interpellation* le débat s'élargit : tous les membres de l'Assemblée y peuvent prendre part. Elle peut, comme la question, porter sur un fait de politique générale ou du ressort de tel ministre en particulier. La discussion d'une interpellation est close par le vote d'un *ordre du jour*. Cette expression consacrée signifie que l'Assemblée déclare passer à l'examen des autres questions inscrites à son ordre du jour. L'ordre du jour peut être *simple* ou *motivé*. Dans ce dernier cas, il est précédé de considérants qui en font une motion de confiance ou au contraire de défiance ou de blâme à l'égard du ministère. Les *enquêtes parlementaires* ont pour but de renseigner les Chambres sur les questions qui se présentent à leur attention. Elles peuvent conduire à des lois nouvelles ou à la mise en jeu de la responsabilité ministérielle, en cas d'abus découverts, par exemple.

4o de participer à certains actes du pouvoir exécutif. Ainsi, d'après la loi constitutionnelle du 16 juillet 1875, les *traités* de paix, de commerce, ceux qui engagent les finances de

---

(1) Pour l'exercice des ces deux prérogatives, les Chambres se réunissent en Assemblée Nationale ainsi que nous l'avons dit précédemment.

l'État, ceux qui sont relatifs à l'état des personnes et au droit de propriété des Français à l'étranger ne sont définitifs qu'après avoir été votés par les deux Chambres. De même nulle guerre, nulle cession, nul échange, nulle adjonction de territoire ne peuvent avoir lieu qu'en vertu d'une décision des Chambres (art. 8 et 9).

Reprenons l'étude de la fonction principale des Chambres qui est la confection des lois. Parmi celles-ci il faut distinguer les *lois ordinaires* et les *lois de finances*; suivant qu'elles appartiennent à l'une ou l'autre catégorie, leur élaboration n'est pas soumise aux mêmes règles. Les lois *constitutionnelles* restent en dehors de cette classification : du reste, il n'appartient pas au pouvoir législatif proprement dit de les faire. Il y a enfin certaines lois ordinaires qu'on appelle *organiques*; ce sont celles qui arrêtent sur l'organisation des pouvoirs publics les dispositions non prévues par les lois constitutionnelles en développant les principes posés par ces dernières, mais cette qualification d'organique ne comporte aucune conséquence particulière et ces lois n'ont aucun caractère prééminent.

§ 1. **Confection des lois ordinaires.** — Les membres des deux Chambres ont individuellement le *droit d'initiative* en matière législative; en l'exerçant, ils font une *proposition de loi*. Du reste, ils partagent ce droit avec le Président de la République dont les actes d'initiative prennent eux le nom de *projets de loi* (1).

Les propositions et projets de la loi sont soumis à deux *délibérations* ou lectures se succédant à cinq jours d'intervalle; toutefois la deuxième lecture est supprimée par la *déclaration d'urgence*. Pendant la discussion, chaque membre de l'Assemblée a le droit de proposer des modifications au texte de la loi ou *amendements*. La loi une fois votée est

---

(1) Le projet de loi est dispensé des formalités suivantes auxquelles est assujettie la proposition de loi avant d'être soumise à la Chambre : renvoi à une *Commission d'initiative* qui fait un rapport sommaire sur la proposition, *prise en considération*, s'il y a lieu, par l'Assemblée. Ces formalités peuvent être écartées par la *déclaration d'urgence*. Les projets de loi et les propositions prises en considération sont adressées à une Commission spéciale chargée d'en faire un rapport à l'Assemblée.

transmise à l'autre Assemblée qui conserve à son égard la même indépendance que vis-à-vis d'un simple projet ou d'une proposition. Si du fait de ce nouvel examen, la loi subit des modifications, elle devra être représentée à la première Assemblée qui pourra l'adopter ainsi ou l'amender encore à son tour. La loi n'est parfaite que lorsqu'un texte identique a été adopté par les deux Chambres.

§ 2. **Confection des lois de finances.** — L'expression *loi de finances* se prend en deux sens. Dans un sens large, elle s'emploie pour toute loi ayant pour objet direct d'organiser une recette ou une dépense quelconque de l'État. Dans un sens strict et précis, elle désigne *la loi du budget*. Le *budget* est l'état détaillé des recettes et des dépenses prévues de l'État pour un temps donné; la loi du budget autorise le recouvrement des unes et le paiement des autres. Cette loi est soumise à des règles particulières : a) elle doit être votée tous les ans; b) elle comporte la *spécialité des crédits*, c'est-à-dire l'affectation de ceux-ci en détail aux divers chapitres de dépenses de façon que le pouvoir exécutif n'en puisse faire un autre emploi ; c) son exécution est à la fin de chaque exercice et, après vérification par la *Cour des Comptes*, soumise aux Chambres qui l'approuvent par la *loi des comptes*.

Toutes les lois de finances doivent être en *premier lieu* présentées à la Chambre des députés et votées par elle (art. 8 de la loi du 24 février 1875).

CHAPITRE II

POUVOIR EXÉCUTIF

Le pouvoir **exécutif** comprend le *gouvernement*, l'*administration* et la *justice*. Le gouvernement, c'est le pouvoir exécutif présidant aux intérêts supérieurs et généraux du pays, exerçant les fonctions qui dérivent directement pour lui des lois constitutionnelles. L'administration, c'est le pouvoir exécutif organisant jusque dans les moindres détails — et au moyen de nombreux agents de transmission — l'exécution de la loi. La justice, c'est le pouvoir exécutif punissant les crimes ou vidant les litiges entre particuliers. La distinction entre le gouvernement et l'administration n'apparaît pas toujours tranchée dans la pratique; car il existe nombre d'actes dont il est difficile de dire s'ils sont gouvernementaux ou administratifs, et, en outre, le Président de la République et les ministres, tout en étant membres du gouvernement, sont en même temps les premiers agents administratifs. La fonction judiciaire apparaît comme absolument distincte de celle de l'administrateur, en prenant cette dernière expression dans un sens large se référant à la fois au gouvernement et à l'administration proprement dite. La *séparation de l'autorité judiciaire et de l'autorité administrative* est aussi nécessaire que la séparation des pouvoirs au bon fonctionnement social (¹). La connaissance

---

(1) Ce principe a été introduit dans notre droit public par les hommes de la Révolution Française (loi des 16-24 août 1790, titre II, art. 13 et loi du 26 fructidor, an III) qui avaient connu les Parlements s'ingérant dans l'administration, entrant en lutte avec la royauté, faisant échouer les projets de réforme de ses ministres.

Il a du reste sa justification rationnelle. Remettre aux tribunaux judiciaires le droit de résoudre un conflit entre un particulier et l'administration, il semble, dans la conception française de l'État,

des différends entre les particuliers doit être soustraite à l'arbitraire de l'administration. D'autre part, pour conserver l'autorité qui lui est nécessaire, l'administration ne peut être exposée à voir ses ordres appréciés par l'autorité judiciaire, mais pour garantir les citoyens contre les abus d'autorité de l'administration, on a établi des juridictions spéciales qui prononceront sur la validité et la régularité des actes administratifs.

On peut enfin prendre l'expression de pouvoir exécutif dans un sens étroit ne visant que le gouvernement et ses titulaires : Président de la République et ministres. C'est à ce point de vue que nous allons nous placer en étudiant dans ce chapitre le pouvoir exécutif.

SECTION I

Président de la République.

Le titulaire du pouvoir exécutif est le **Président de la République** qui l'exerce avec l'aide de **ministres.**

§ 1. **Élection et durée des pouvoirs.** — « Le Président de la République est élu à la majorité absolue des suffrages par le Sénat et par la Chambre des députés réunis en Assemblée Nationale. » (Art. 2. Loi 25 février 1875) [1]. Cette *élection par les Chambres* n'est pas une atteinte au principe de la séparation des pouvoirs. Le Président tient ses pouvoirs de la Constitution même ; il n'est nullement le délégué des Chambres. Dès son élection, il est complètement indépendant et irrévocable jusqu'à l'expiration de ses pouvoirs. La *nomina-*

---

que ce soit subordonner hiérarchiquement l'administration à l'autorité judiciaire, ruiner son autorité et rendre sa tâche impossible. Il existe cependant de grandes démocraties qui ont assuré au pouvoir judiciaire, dans la sphère qui lui est propre, une indépendance et une autorité absolues.

(1) De même que pour toute autre élection, les bulletins blancs ou nuls ne sont point comptés. Pour l'organisation de l'Assemblée nationale, voir supra. Il faut ajouter que le vote a lieu immédiatement sans être précédé d'aucun débat.

tion directe par le peuple présenterait au contraire de graves dangers (1); elle donnerait au Président une telle autorité qu'il voudrait imposer aux Chambres sa politique personnelle, et en cas de conflit avec elles, il serait trop vite tenté de se servir de la force mise à sa disposition.

Les Chambres doivent être réunies en Assemblée Nationale pour procéder à l'*élection* du nouveau Président un mois au moins avant l'*expiration des pouvoirs* du Président en fonctions. Celui-ci doit faire la convocation; s'il n'y procède pas, la réunion de l'Assemblée nationale aura lieu de plein droit le quinzième jour avant l'expiration de ses pouvoirs. En cas de décès ou de démission du Président de la République, les deux Chambres se réunissent de même immédiatement et de plein droit (Loi 16 juill. 1875, art. 3). Notre Constitution n'a posé aucune condition particulière pour l'*éligibilité* à la Présidence de la République. Il suffit donc d'être citoyen français en possession de ses droits civils et politiques. Toutefois « les membres des familles ayant régné sur la France sont inéligibles à la présidence de la République »

---

(1) Nous en avons déjà fait l'expérience. Malgré l'opposition prévoyante de plusieurs de ses membres, l'Assemblée constituante avait, en 1848, admis l'élection du Président au suffrage universel et direct. Cela permit d'abord l'élection de Louis-Napoléon Bonaparte, et ensuite le coup d'État du Deux Décembre 1851.

On produit souvent en faveur de ce système de la nomination directe l'exemple des États-Unis où il donne de bons résultats. Tout d'abord, d'après la lettre de la Constitution, le Président n'y est élu qu'au suffrage universel à deux degrés. Chaque État de l'Union nomme un nombre d'électeurs égal au nombre total de sénateurs et de représentants qu'il envoie au Congrès; ces électeurs désignent à leur tour le Président. Cependant, comme en fait, ces électeurs du deuxième degré reçoivent le *mandat impératif* de voter pour le candidat à la présidence choisi par le parti qui les a élus, on peut dire que le Président est en quelque sorte élu directement par le suffrage universel. Mais ce système fonctionne aux États-Unis dans des conditions particulières. Outre la différence de race qui a son influence, il faut noter que le Président voit ses attributions très restreintes, d'une part, par la nature fédérative de l'État et, d'autre part, par la Constitution. Presque tout puissant dans la sphère très restreinte de ses attributions fédérales, il voit sa volonté tenue en échec par la puissance, également illimitée dans leur sphère, des États particuliers, et par l'indépendance absolue du pouvoir judiciaire.

(Loi 14 août 1884, art. 2). Le Président est nommé pour *sept ans* ; dès l'expiration de ses pouvoirs il est *rééligible*, et cela indéfiniment.

§ 2. Attributions. — A s'en tenir à la lettre de la Constitution et à n'envisager que les attributions relativement considérables du Président, on pourrait le croire investi d'une autorité quasi-monarchique. Il n'en est rien, car le Président ne peut rien faire par lui-même. Tous ses actes doivent être acceptés par un ministre qui les contresigne. Ses ministres eux-mêmes à raison des règles du gouvernement parlementaire dépendent des Chambres. Celles-ci, en définitive, ont une part prépondérante dans la direction du pouvoir exécutif et, malgré toutes les apparences de la Constitution, il n'y a pas place pour une politique personnelle du Président s'opposant à la leur.

On peut diviser en trois groupes les attributions du Président de la République : 1° celles qui concernent ses rapports avec le pouvoir législatif et son **droit d'exécution des lois**; 2° celles par lesquelles il assure le **gouvernement intérieur** ; 3° celles qui ont trait aux **relations extérieures**.

1. Rapports avec le pouvoir législatif et droit d'exécution des lois. — Rentrent dans le premier groupe les droits : *a)* de donner au Parlement l'activité ou de la lui retirer (*convocation, ajournement* du Sénat et de la Chambre, *dissolution* de la Chambre); *b)* de participer à la formation de la loi (*droit d'initiative*, exigence d'une *nouvelle délibération, message*); *c)* d'exécuter les lois (*promulgation, règlements*).

a) Nous avons déjà vu en étudiant l'organisation des Chambres que leurs *sessions* ordinaires ou extraordinaires ne pouvaient être ouvertes qu'à la suite d'une *convocation* du Président de la République.

Le Président peut *ajourner* les Chambres. Toutefois l'ajournement ne peut excéder le terme d'un mois ni avoir lieu plus de deux fois dans la même session (Loi 16 juillet 1875, art. 2). Le Président peut enfin, sur l'avis conforme du Sénat, *dissoudre* la Chambre des députés avant l'expiration légale de son mandat (Loi 25 février 1875, art. 5). Ce droit permet de faire appel au pays pour le jugement d'un conflit qui se serait élevé entre le pouvoir législatif et le pouvoir exécutif. Le résultat des nouvelles élections dira à quelle politique les citoyens sont attachés (¹).

b) Nous connaissons le droit d'*initiative législative* du Président tant en matière constitutionnelle qu'en matière ordinaire. Dans le délai fixé par la promulgation, il peut, par un *message motivé*, demander aux deux Chambres une *nouvelle délibération* qui ne peut être refusée (Loi 16 juillet 1875, art. 7). Le Président n'a pas le droit d'entrée dans les Chambres. Il ne peut communiquer avec elles que par écrit, au moyen de *messages* qui sont lus à la tribune par un ministre (Loi 16 juillet 1875, art. 6).

c) La loi est parfaite dès son vote par les deux Chambres. C'est au Président de la République qu'il appartient, en la promulguant, de lui donner existence certaine et force exécutoire. Il doit faire cette *promulgation* dans le mois de la transmission qui lui est faite de la loi par le Président de l'Assemblée qui l'a votée la dernière. Ce délai est réduit à trois jours quand l'une et l'autre Chambre ont par un vote exprès déclaré la promulgation *urgente*. La promulgation s'opère comme tous les actes du Président de la République par un décret (²).

Pour assurer l'exécution des lois, le Président a le droit de faire des *règlements*. Ce sont des décrets qui comme les lois posent des règles générales obligatoires pour tous. Le pouvoir réglementaire du Président n'est pas une atteinte portée à l'indépendance du pouvoir législatif, car le règlement est subordonné à la loi ; il ne peut que développer les principes

---

(1) A la suite d'une dissolution de la Chambre, les collèges électoraux sont réunis dans le délai de deux mois et la Chambre dans les dix jours qui suivront la clôture des opérations électorales (Loi 14 août 1884, art. 1er). Les collèges électoraux seraient convoqués immédiatement si cette dissolution survenait au moment où la Présidence de la République deviendrait vacante, car il importe alors de former au plus tôt l'Assemblée Nationale.

(2) Il ne faut pas confondre avec la *promulgation* la *publication* des lois. Par la *publication*, la loi est portée à la connaissance des citoyens et rendue à leur égard obligatoire. La loi est censée publiée à Paris un jour franc après l'insertion au *Journal officiel* du décret de *promulgation* et partout ailleurs, dans l'étendue de chaque arrondissement, un jour franc après l'arrivée du *Journal officiel* au chef-lieu de cet arrondissement.

qu'elle a posés et en tirer les conséquences nécessaires. Certains décrets réglementaires portent le nom de *réglements d'administration publique*; ils présentent avec les autres cette différence qu'ils doivent être soumis à l'Assemblée générale du Conseil d'Etat, dont l'avis est nécessaire.

2. **Gouvernement intérieur.** — Les prérogatives du Président sont ici très importantes.

a) « Il a le droit de *faire grâce* » (Loi 25 février 1875, art. 3). La *grâce* est la remise à un condamné de partie ou de la totalité de sa peine, ou la commutation de cette peine en une autre peine plus douce (¹). La loi constitutionnelle qui donne au Président le droit de grâce ajoute immédiatement : les *amnisties* ne peuvent être accordées que par une loi. *L'amnistie* a une portée plus générale et des effets plus complets que ceux de la grâce ; tandis que celle-ci ne s'applique qu'à un individu déterminé et laisse subsister en droit la condamnation, et par conséquent les incapacités qui en dérivent, l'amnistie prévoit une série de faits auxquels elle enlève rétroactivement tout caractère délictueux, faisant tomber toutes les conséquences pénales qu'ils auraient pu entraîner (poursuite, condamnation, peines et incapacités).

b) « Il *nomme* à tous les *emplois* civils et militaires » (même art.). Le droit du Président qui paraît absolu dans la constitution de 1875 est limité à deux points de vue. Les divers fonctionnaires qu'il choisit doivent en effet remplir les conditions d'âge et de capacité exigées par la loi ; d'autre part, certaines nominations ne lui appartiennent pas et sont remises par la loi à d'autres agents du pouvoir exécutif.

c) « Il dispose de la *force armée* » (même art.). Il résulte de ces termes que le Président peut prendre en personne le commandement des troupes.

d). « Il *préside* aux solennités nationales » (²).

3. **Relations extérieures.** — C'est au Président de la République qu'il appartient de *représenter* la France dans les relations avec les autres Etats. « Les envoyés et les am-

---

(1) Chaque recours en grâce, avant d'être soumis au Président, est instruit au ministère de la Justice par une commission spéciale.

(2) Le traitement du Président est de 1 200 000 francs par an, dont la moitié pour frais de représentation. Ce traitement n'est pas fixé par la Constitution, mais inscrit dans la loi du budget.

bassadeurs des puissances étrangères sont *accrédités* auprès de lui » (Loi 25 février 1875, art. 3) ; c'est par lui qu'ils doivent se faire agréer, c'est à lui qu'ils doivent présenter les *lettres de créance* qui constatent la mission officielle dont ils sont chargés ou les *lettres de rappel* qui leur retirent cette mission. « Le Président négocie et ratifie les traités. Il en donne connaissance aux Chambres aussitôt que l'intérêt et la sûreté de l'État le permettent. » La *négociation* d'un traité, c'est sa conclusion même, elle est presque toujours opérée par des plénipotentiaires ; le Président rend leur œuvre définitive par la *ratification*. Les traités les plus importants ([1]) ne peuvent être ratifiés par le Président qu'après avoir été votés par les deux Chambres.

§ 3. Responsabilité. — Le Président de la République est irresponsable sauf le cas de haute trahison (Loi 25 février 1875, art. 6). Cette règle ne veut point dire que le Président de la République ne puisse pas être poursuivi comme tout citoyen pour un crime ou délit prévu par les lois pénales, qu'il aurait commis ; elle signifie seulement que le Président de la République ne pourra être poursuivi à raison d'actes de sa fonction qu'en cas de haute trahison. Du reste, la Constitution n'ayant pas prévu la peine applicable, à raison du principe *nulla pœna sine lege* (pas de peine sans texte qui l'établisse), il ne serait possible que de déclarer la déchéance du Président. La Constitution a établi une procédure et un tribunal particuliers en cas de poursuite pénale quelconque dirigée contre lui. « Le Président de la République ne peut être mis en accusation que par la Chambre des députés et ne peut être jugé que par le Sénat » (Loi 16 juillet 1875, art. 12).

SECTION II

Ministres.

Le Président de la République est le titulaire du pouvoir exécutif, mais il n'en a pas seul l'exercice. La Constitution a

---

([1]) V. leur énumération, supra, Chap. I, p. 15-4°.

placé à côté de lui, comme ses agents nécessaires, les **Mi-nistres** dont le rôle prépondérant est la caractéristique du *gouvernement parlementaire*. « Chacun des actes du Prési-dent de la République doit être *contresigné* par un ministre » (art. 3, in fine, loi 25 février 1875). La sanction de cette règle est la nullité des *décrets* qui ne seraient pas revêtus du *contreseing* ministériel. Par là, les ministres se trouvent avoir la participation la plus effective à l'exercice du pouvoir exécutif. C'est eux qui par la force des choses auront l'ini-tiative des mesures de gouvernement. Et le Président ne saurait refuser indéfiniment sa signature à leurs proposi-tions ; sinon, à raison des règles sur la nomination des mi-nistres, il s'engagerait dans un conflit avec la Chambre des députés, dont il ne pourrait sortir que par la dissolution de cette Assemblée.

§ 1. **Nomination et Révocation.** — Les ministres sont *nommés* par *décrets* du Président de la République. Aucune condition en dehors de la jouissance des droits civils et poli-tiques n'est exigée. Ils peuvent être choisis dans le Parle-ment ou en dehors mais à raison des règles particulières du gouvernement parlementaire, leurs vues doivent être con-formes à la politique suivie par les Chambres. Pour se main-tenir au pouvoir, le ministre doit, en effet, avoir constam-ment la confiance du Parlement ; devant un vote hostile de celui-ci, il est tenu de donner sa démission. En fait, le Pré-sident ne choisit pas lui-même tous les ministres. Il en dé-signe seulement un parmi les chefs du parti ayant la majorité dans la Chambre ; cet homme politique qui deviendra le *Président du Conseil des Ministres* cherchera lui-même ses collaborateurs. Par la combinaison de ces règles sur la nomi-nation des ministres et de la nécessité du contreseing minis-tériel pour tous les actes du Président de la République, les Chambres exercent, on le voit, une influence décisive sur la direction du pouvoir exécutif ; et les ministres sont les ins-truments de cette pénétration des deux pouvoirs, représen-tant à la fois les Chambres devant le pouvoir exécutif et le Chef de l'État devant les Chambres.

Le droit de *révoquer* les ministres appartient également au Président de la République qui ne pourrait toutefois l'exercer sans le contreseing d'un ministre et l'assurance de former un ministère ayant la confiance du Parlement.

§ 2. Organisation du Ministère et attributions des Ministres. — Le *nombre* des ministres et la détermination des *départements ministériels*, c'est-à-dire la fixation des services publics attribués à chacun, ne sont pas inscrits dans la Constitution. De tradition, le droit a toujours été reconnu au chef du pouvoir exécutif de régler ces points par voie de simple décret ; toutefois, pour la Constitution du Ministère des Colonies en 1894 une loi est intervenue ([1]). Les ministres sont parfois assistés de *Sous-secrétaires d'État* nommés et révoqués par le Président de la République ([2]).

Les Ministres agissent tantôt isolément, tantôt après avoir délibéré en *Conseil des Ministres* ; la présidence du Conseil des Ministres appartient au Président de la République. Toutefois les ministres peuvent également s'assembler hors de sa présence pour discuter des questions de moindre importance ; on dit alors qu'il y a un *Conseil de Cabinet*. Les Ministres ont leur *entrée dans les Chambres* qu'ils en soient ou non membres et ils doivent être entendus quand ils le demandent (Loi 16 juillet 1875, art. 6).

Nous connaissons déjà la plupart des *attributions gouvernementales* des ministres. Ils sont les intermédiaires entre le pouvoir exécutif et le pouvoir législatif. Ils doivent contresigner pour les rendre exécutoires les décrets du Président de la République et ils en assument ainsi la responsabilité. Ils présentent aux Chambres les propositions de lois du Président et ses messages. Ils sont investis du pouvoir exécutif pendant la vacance de la Présidence de la République (Loi 25 fév. 1875, art. 7).

Outre ces attributions gouvernementales, les ministres en ont d'autres *administratives* et *contentieuses*. Ils administrent souverainement, sauf à répondre de leurs actes devant le Parlement, les services publics placés dans leur département, commandant à tous les fonctionnaires qui en dépendent. Ils représentent l'État pour ordonner les dépenses ou autoriser

---

(1) Actuellement, il y a onze ministères : *Intérieur et Cultes ; Justice ; Affaires étrangères ; Finances ; Instruction publique et Beaux-Arts ; Guerre ; Marine ; Travaux publics ; Commerce, Industrie, Postes et Télégraphes ; Agriculture ; Colonies.* Le traitement des ministres fixé par la loi du budget est de 60 000 francs par an.

(2) Il n'y a actuellement qu'un Sous-secrétaire d'État (Postes et Télégraphes).

lès recettes, pour intenter une action, pour passer des marchés avec les particuliers. Ils gèrent les biens de l'État. Enfin, les ministres ont exceptionnellement un pouvoir de juridiction (1).

§ 3. **Responsabilité ministérielle.** — La *responsabilité* du pouvoir exécutif est nécessaire à la *liberté politique.* A raison de la nécessité du contreseing pour tous les actes du Président de la République, la responsabilité se déplace et du chef du pouvoir exécutif passe toute entière à ses ministres. Ceux-ci sont, en effet, soumis à trois sortes de responsabilités : *pénale, civile et politique.*

a) *Responsabilité pénale.* — D'après l'art. 12, § 2, de la loi du 16 juillet 1875, les ministres peuvent être mis en accusation par la Chambre des députés pour crimes commis dans l'exercice de leurs fonctions. En ce cas, ils seront jugés par le Sénat. On interprète généralement les termes de la loi en ce sens que les ministres peuvent être poursuivis non seulement pour des crimes ou délits prévus par la loi pénale, mais encore pour toute faute commise dans l'exercice de leurs fonctions (2); le Sénat est seul juge alors de la peine applicable.

b) *Responsabilité civile.* — Le ministre doit aux tiers réparation civile du préjudice qu'il a pu leur causer dans l'exercice de ses fonctions par sa faute ou sa négligence. Mais à raison du principe de la séparation des autorités administrative et judiciaire, l'action en dommages-intérêts contre le ministre ne pourra être portée que devant les tribunaux administratifs.

c) *Responsabilité politique.* — Cette responsabilité, caractéristique essentielle du gouvernement parlementaire, est

---

(1) Ainsi, le ministre du Commerce prononce sur les élections des membres des Chambres de commerce, le ministre de l'Instruction publique sur celles des membres du Conseil supérieur de l'Instruction publique, etc.

(2) Du reste, si le fait commis par le ministre tombe sous le coup de la loi pénale, la compétence du Sénat après mise en accusation par la Chambre n'est pas exclusive de celle des tribunaux ordinaires. C'est là une différence de leur situation avec celle du Président de la République.

l'obligation qui s'impose soit à tous les ministres réunis, soit à l'un d'eux de *démissionner* lorsque ce ministre ou le cabinet tout entier n'a plus la majorité devant le Parlement. Les ministres sont *solidairement* responsables de la politique générale du gouvernement et *individuellement* des actes spéciaux à leurs ministères personnels ; toutefois, même dans ce dernier cas, la responsabilité est solidaire si le Président du Conseil défend devant les Chambres la conduite du ministre et pose la *question de confiance* (¹).

CHAPITRE III

AUTORITÉ JUDICIAIRE

L'autorité judiciaire, nous l'avons déjà dit, est cette branche du pouvoir exécutif par laquelle sont jugés les différends entre particuliers et punis les crimes ou délits (²).

(1) Mais cette responsabilité politique peut-elle être mise en œuvre par la Chambre seule ou appartient-il également au Sénat de faire démissionner un ministère par un vote hostile? Cette grave question s'est posée en 1896 où le ministère Léon Bourgeois refusa de se retirer devant un ordre du jour de blâme du Sénat ; il y fut, du reste, contraint peu de temps après, la Haute Assemblée lui refusant les crédits nécessaires à l'expédition de Madagascar. Pour reconnaître au Sénat le droit de renverser les ministères, on s'appuie sur l'art. 6 de la loi du 25 fév. 1875 qui dit « Les ministres sont solidairement responsables devant les Chambres ». Et l'on ajoute que les deux Chambres issues toutes les deux du suffrage populaire, l'une directement, l'autre par un vote à plusieurs degrés, doivent avoir les mêmes fonctions et les mêmes prérogatives.

En faveur de l'opinion adverse, on invoque l'exemple de l'Angleterre d'où dérivent nos institutions parlementaires et où la Chambre des Lords n'a pas le pouvoir de faire démissionner les ministres. Consacrer ce pouvoir au profit du Sénat, dit-on en outre, c'est lui assurer — à raison de son indissolubilité — une suprématie dangereuse dans l'État.

(2) En ce qui concerne les litiges nés à propos des actes de l'administration, voy. chap. deuxième, p. 18.

Nous examinerons les règles générales de l'organisation judiciaire, puis les divers tribunaux judiciaires et leurs attributions; nous terminerons par l'étude des tribunaux administratifs.

SECTION I

Organisation générale de l'autorité judiciaire.

La justice ne peut être exercée que par les **tribunaux constitués** qui la rendent au nom du chef de l'Etat qui la leur a entièrement *déléguée*. Les tribunaux ne peuvent, par avance et de leur propre autorité, dire comment ils appliqueront la loi; il faut qu'ils soient saisis d'un différend par les particuliers, et ils ne peuvent rendre que des décisions *d'espèce*.

La justice est *publique*; les citoyens peuvent librement assister aux débats (¹); le jugement délibéré par les juges en secret doit toujours être lu en audience publique. La justice est *gratuite*, en ce sens qu'en la rendant les juges s'acquittent d'un service public pour lequel ils sont rétribués par l'État et ne peuvent rien réclamer des plaideurs. Du reste la conduite d'un procès entraîne toujours des dépenses assez considérables d'enregistrement et d'honoraires des officiers ministériels dont le concours est obligatoire. Les indigents peuvent s'exonérer de ces divers frais en obtenant le bénéfice de l'*assistance judiciaire* créée par la loi du 22 janvier 1851.

Pour assurer l'indépendance des juges, garantie nécessaire d'une bonne justice, on a établi leur *inamovibilité*. Une fois nommés (²) par le pouvoir exécutif, ils ne peuvent plus être arbitrairement révoqués par lui.

---

(1) Le *huis clos* peut cependant être ordonné par les tribunaux à l'occasion de certains débats dont la publicité serait dangereuse, pour la morale publique par exemple (affaires de mœurs, divorces) où la sécurité nationale (aff. d'espionnage).

Même en cas de huis clos, la sentence doit toujours être prononcée en audience publique.

(2) Certaines conditions d'aptitude sont du reste exigées par la loi. Les magistrats doivent avoir : 1° la puissance des droits civils ; 2° un certain âge, variable suivant les tribunaux ; 3° une

Une magistrature spéciale, le **ministère public**, existant auprès des tribunaux d'arrondissement (*procureur de la République* et ses *substituts*), des Cours d'appel (*procureur général, avocats généraux, substituts du procureur général*), de la Cour de cassation (*procureur général, avocats généraux, secrétaire général*) a pour mission de défendre l'intérêt général de la société et de représenter le gouvernement. Le ministère public poursuit la répression des délits et veille à l'observation des lois. La réunion des magistrats qui exercent le ministère public auprès d'une même juridiction s'appelle *parquet*. Le ministère public est absolument indépendant des tribunaux. Ses membres hiérarchisés ne jouissent pas de l'inamovibilité : le ministre peut les révoquer ou les déplacer à sa volonté.

Certaines personnes qu'on a appelées les *auxiliaires de la justice* aident le juge dans l'accomplissement de sa mission ; ce sont notamment les avocats, les avoués, les avocats au Conseil d'État et à la Cour de cassation, les greffiers, les huissiers. Les avocats plaident pour les parties devant les tribunaux. Les parties peuvent elles-mêmes défendre leurs causes ; mais elles ne peuvent confier ce soin à un autre qu'à un avocat (¹). L'*avoué* représente son client en justice et dirige pour lui la procédure. C'est lui qui pose le débat et met l'affaire en état d'être plaidée. Son ministère est obligatoire devant les tribunaux d'arrondissement et les Cours d'appel. L'*avocat au Conseil d'État et à la Cour de cassation* cumule devant ces juridictions les fonctions d'avoué et d'avocat. Le *greffier* est membre du tribunal. Il rédige les minutes des jugements qui doivent être revêtues de sa signature comme

---

instruction juridique constatée par le diplôme de licencié en droit et un stage auprès d'un barreau. Les juges de paix sont exempts de cette condition.

(1) La profession d'avocat est libre ; peuvent l'exercer les licenciés en droit qui ont prêté serment et qui sont inscrits au barreau d'un tribunal ou d'une cour. Tous les autres auxiliaires de la justice sont des *officiers ministériels*, c'est-à-dire des titulaires nommés par le pouvoir exécutif de charges en nombre limité et constituant par cela même un véritable monopole ; aussi ces personnes sont-elles tenues de prêter leur ministère lorsqu'elles en sont requises. Ces offices sont cessibles et transmissibles par succession.

de celle du juge ; il en a la garde et en délivre copie. L'*huis-sier* est un agent de notification des actes judiciaires ou extrajudiciaires ; il procède également à l'exécution des jugements.

Section II

Tribunaux judiciaires : leurs attributions.

Les deux fonctions de l'autorité judiciaire : trancher les différends entre particuliers, punir les auteurs d'infractions sont confiées par nos lois aux mêmes tribunaux. C'est ce qu'on appelle le principe de l'*unité des juridictions civile et criminelle*. Les conflits entre particuliers peuvent avoir un caractère *civil* proprement dit ou au contraire *commercial* ; dans ce dernier ils sont parfois soumis à des tribunaux spéciaux.

Les juridictions civiles et commerciales sont au nombre de six : les *conseils de prud'hommes*, les *tribunaux de commerce*, les *justices de paix*, les *tribunaux d'arrondissement*, les *cours d'appel* et la *Cour de cassation*. Elles se groupent toutes deux par deux ; la garantie de l'*"appel* résulte ainsi pour les justiciables d'un double degré de juridiction. Cependant certaines affaires peu importantes ne peuvent être jugées qu'une fois, *en dernier ressort*.

§ 1. **Justice de Paix et Tribunal de simple police.** — Un *juge de paix* est institué dans chaque canton (¹). La loi l'a chargé de tenter la *conciliation* des parties au commencement de tous les procès ; elle lui a attribué en outre la connaissance de ceux de minime valeur.

En matière pénale, le juge de paix qualifié de *juge de simple police* (²) connaît des *contraventions*, c'est-à-dire des infractions dont la peine n'excède pas une amende de quinze francs ou un emprisonnement de cinq jours.

_____

(1) A Paris, il y en a un par arrondissement municipal.
(2) Quand une ville comprend plusieurs cantons, il n'y a qu'un seul tribunal de police, mais les juges de chaque canton y siègent par voie de roulement.

§ 2. Tribunal de première instance et Tribunal correctionnel. — Dans chaque arrondissement existe un tribunal dit de *première instance* ; il siège, sauf quelques rares exceptions, au chef-lieu par le nom duquel on le désigne. Les tribunaux de plus de cinq membres sont divisés en *chambres* entre lesquelles les juges sont répartis chaque année par voie de roulement. Lorsque le tribunal n'a qu'une chambre, les mêmes juges siègent à des jours différents tantôt comme juges correctionnels, tantôt comme juges civils. Quand il y a deux chambres au moins, l'une d'elles juge les affaires correctionnelles.

Le *tribunal civil* d'arrondissement connaît *à charge d'appel* de *toutes* les contestations qui n'ont pas été expressément attribuées par la loi à un autre tribunal. Il statue en *dernier ressort* sur les demandes dont la valeur n'excède pas 1500 francs en principal. En outre, il fonctionne comme *tribunal d'appel* pour les jugements rendus en premier ressort par le juge de paix.

Le *tribunal correctionnel* est compétent pour juger les *délits* (¹). Ses jugements sont toujours susceptibles d'appel. Devant ce même tribunal sont portés les appels des jugements du tribunal de simple police.

Le département de la Seine, qui forme trois arrondissements, n'a qu'un tribunal divisé en onze chambres, sept civiles, quatre correctionnelles.

§ 3. Cour d'appel et Cour d'assises. — Les *Cours d'appel* sont chargées de statuer sur l'appel formé contre les jugements rendus en premier ressort par les tribunaux de première instance, les tribunaux correctionnels, les tribunaux de commerce. Leurs décisions sont nommées arrêts. Il y a en France vingt-cinq Cours d'appel ; le *ressort* de chacune d'elles englobe plusieurs départements. Elles comprennent une ou plusieurs *chambres civiles*, une *chambre des appels de police correctionnelle*, et une *chambre des mises en accusation*.

La *Cour d'assises* n'est pas une juridiction simple ni permanente. Elle existe dans chaque département, mais ne siège

_____

(1) Ce sont les infractions punies par la loi de peines correctionnelles, c'est-à-dire d'emprisonnement de plus de cinq jours ou d'une amende de plus de quinze francs.

que tous les trois mois. Elle comprend deux éléments : *a*) le *jury*, composé de douze citoyens désignés par le sort après les récusations permises par la loi sur une liste dressée annuellement pour chaque département; *b*) la *Cour*, formée de magistrats et dont le président est toujours un conseiller de Cour d'appel. C'est le Président de la Cour qui dirige les *débats;* c'est lui qui interroge l'accusé et entend les témoins. C'est lui qui pose au jury les questions sur les différents points de savoir si l'accusé est coupable, s'il y a à son crime des circonstances aggravantes ou au contraire des excuses. Le jury est *juge de la culpabilité*; il délibère à part, en secret, et répond par oui ou non aux questions posées. La Cour est *juge de l'application de la peine* en cas de condamnation; elle acquitte l'accusé si le jury a rendu un verdict de non culpabilité.

§ 4. Conseils de prud'hommes. — Le *conseil de prud'hommes* est une juridiction particulière, établie dans les centres manufacturiers, composée de patrons et d'ouvriers, et chargée de se prononcer sur les différends entre industriels ou fabricants et leurs ouvriers. Les conseils de prud'hommes jugent en dernier ressort jusqu'à 200 fr. ; en premier ressort au-dessus de ce chiffre. L'appel est porté devant le tribunal de commerce. Les prud'hommes sont des magistrats élus.

§ 5. Tribunaux de commerce. — Les *tribunaux de commerce* ou tribunaux *consulaires* sont institués par décret dans les centres importants de commerce. Ils jugent les affaires commerciales, qui, ailleurs, sont portées devant le tribunal civil, en dernier ressort jusqu'à 1 500 fr., au-dessus de ce chiffre en premier ressort seulement. Les membres des tribunaux de commerce sont élus pour un temps limité par les commerçants parmi eux-mêmes. Leurs fonctions sont gratuites.

§ 6. Cour de Cassation. — La *Cour de Cassation* a pour mission de veiller à l'exacte observation des lois et d'assurer l'unité de jurisprudence dans les divers tribunaux. Elle juge les *pourvois* contre les décisions en dernier ressort, examinant seulement si ces décisions font une juste application des lois. La Cour de Cassation n'a point à apprécier les faits; elle doit tenir pour constants ceux établis par les premiers juges.

La Cour de Cassation ne constitue pas un nouveau degré de juridiction ; elle maintient ou casse la décision attaquée et quand elle casse, elle renvoie devant un autre tribunal de même ordre. Elle siège à Paris. Elle est divisée en trois chambres (*Chambre civile*, *Chambre des requêtes*, *Chambre criminelle*), qui statuent presque toujours séparément en audience ordinaire et, exceptionnellement, en audience solennelle, les trois chambres réunies.

Section III

Juridiction administrative.

La *juridiction administrative* offre deux particularités importantes : *a*) les magistrats qui l'exercent ne sont point inamovibles ; *b*) elle est en grande partie confiée à des organes qui ne sont pas seulement et simplement des tribunaux, mais qui participent encore à l'administration proprement dite. Ainsi, le Conseil de préfecture donne au préfet des avis que celui-ci est quelquefois obligé de demander sans être, d'ailleurs, jamais tenu de les suivre ; le Conseil d'Etat est nécessairement consulté par le gouvernement sur les règlements d'administration publique ; il peut l'être sur les projets et propositions de loi.

Les plus importants tribunaux administratifs sont les *Conseils de préfecture*, le *Conseil d'Etat* et la *Cour des Comptes*.

§ 1. Conseils de préfecture. — Il existe un *Conseil de préfecture* par département. Il siège au chef-lieu. Il comprend de 3 à 4 membres. Le Préfet en est le président de droit, mais un conseiller, nommé par décret vice-président, est chargé de le suppléer (¹). Le secrétaire général de la préfecture, avec le titre de *commissaire du gouvernement*, remplit les fonctions de ministère public. Le Conseil de préfec-

_____

(1) A Paris, le conseil de préfecture a un président spécial ; il comprend en outre huit membres, partagés en deux sections ayant chacune son vice-président. Il y a auprès du conseil quatre commissaires du gouvernement.

ture juge notamment les contestations en matière de contributions directes, de grande voirie (routes nationales et départementales), celles qui naissent de l'exécution des marchés de travaux publics ou de la vente des domaines nationaux.

§ 2. Conseil d'Etat. — Le *Conseil d'Etat* se compose de conseillers d'Etat en service ordinaire, de conseillers en service extraordinaire, de maîtres des requêtes et d'auditeurs. Les *conseillers* délibèrent et jugent ; les *maîtres des requêtes* et les *auditeurs* sont chargés de l'instruction des affaires et de la préparation des dossiers. Les *conseillers d'Etat en service extraordinaire* sont de hauts fonctionnaires de l'administration détachés au Conseil d'Etat pendant la durée de leurs fonctions. Ils n'ont voix délibérative que pour les affaires se rattachant au département ministériel dont ils font partie ; ils ne peuvent siéger au contentieux. Le Président du Conseil d'Etat est le ministre de la Justice, mais il est nommé parmi les présidents de section un vice-président qui le supplée. Le Conseil d'Etat est divisé en cinq *sections* dont quatre administratives correspondant à quatre groupes de départements ministériels et une du contentieux. Comme *tribunal administratif*, le Conseil d'Etat statue tantôt en section du contentieux, tantôt en assemblée délibérant au contentieux. Cette assemblée comprend la section permanente du contentieux à laquelle s'adjoignent deux conseillers en service ordinaire de chaque section administrative. En principe, la section est chargée de l'instruction, l'assemblée du jugement. Les attributions juridictionnelles du Conseil d'Etat sont de trois sortes : 1° Il statue *en premier et dernier ressort* (notamment sur les recours formés contre un acte administratif pour excès de pouvoir) ; 2° Il fonctionne comme *tribunal d'appel* à l'égard de certains tribunaux administratifs (les Conseils de préfecture par exemple) ; 3° Il constitue dans certains cas une véritable *Cour de Cassation administrative* (Il peut réformer ainsi les arrêts de la Cour des Comptes).

§ 3. Cour des Comptes. — La *Cour des Comptes* a un double caractère : a) celui de *tribunal administratif* au regard des comptables des deniers publics ; c'est là son rôle principal ; b) celui d'*institution de contrôle* à l'égard des ordonnateurs ou administrateurs chargés de donner l'ordre écrit sur

le vu duquel les dépenses publiques peuvent seulement
s'effectuer. Les membres de la Cour sont inamovibles.

Les arrêts de la Cour des Comptes donnent *quitus* au comptable ou le déclarent *en avance* ou *en débet* suivant que son compte se présente créancier ou débiteur de l'Etat. Dans ce dernier cas, l'arrêt porte condamnation de payer. Les arrêts de la Cour des Comptes sont en dernier ressort. On peut se pourvoir contre eux en revision devant la Cour elle-même si l'on retrouve des pièces qu'on n'avait pas produites ou en cassation devant le Conseil d'Etat pour excès de pouvoir, incompétence, violation des formes.

Le contrôle de la Cour des Comptes à l'égard des ordonnateurs prépare celui du Parlement qui aboutit à la *loi des comptes*.

CHAPITRE QUATRIÈME

ORGANISATION ADMINISTRATIVE

L'administration pourvoit à la satisfaction des intérêts généraux et des intérêts locaux. Sont chargés des *intérêts généraux* le *pouvoir central* (Chef de l'Etat, Ministres, Conseil d'Etat) et divers *agents* placés dans les subdivisions du territoire (1) (préfet dans le département, sous-préfet dans l'arrondissement, maire dans la commune). Ces mêmes agents con-

---

(1) La France est divisée en départements, les départements en arrondissements, les arrondissements en cantons, les cantons en communes. Nous n'avons pas à nous préoccuper du canton qui n'est qu'une subdivision judiciaire. Au point de vue administratif, il n'offre qu'un intérêt : c'est à raison d'un conseiller par canton qu'ont lieu les élections au conseil général et au conseil d'arrondissement.

çourent du reste à l'*administration locale* de leur circonscription administrative ; ils sont aidés dans cette tâche par différents *Conseils* (Conseil de préfecture et Conseil général dans le département, Conseil d'arrondissement, Conseil municipal dans la commune). Nous connaissons l'organisation du pouvoir central ; il nous reste à déterminer, en envisageant successivement le département, l'arrondissement et la commune, les fonctions des différents Conseils et agents d'exécution qui s'y trouvent.

SECTION I

Département.

Le *département* est à la fois une *subdivision territoriale*, une circonscription ayant une administration *autonome* et une *personne morale* (¹).

Son administration active est confiée au *Préfet* qui a pour auxiliaire le *Secrétaire général*, l'administration délibérante appartient au *Conseil de préfecture* (²) et au *Conseil général*.

§ 1. **Préfet.** — Les *préfets* sont nommés — sans aucune condition de capacité — et révoqués par le Président de la République sur la proposition du Ministre de l'Intérieur. Le Préfet a un double caractère ; il est à la fois agent du pouvoir central et représentant du département. Comme *agent du pouvoir central*, il est chargé de l'exécution des ordres du gouvernement et de la gestion des affaires que celui-ci ne s'est point réservées. Le préfet nomme et révoque certains agents inférieurs de l'administration, il représente l'État en justice, il a la police générale du département. Comme *représentant du département*, il soumet au Conseil général les affaires qui intéressent le département, il exécute les déci-

---

(1) Cette expression veut dire que la loi a reconnu au département une personnalité fictive. Il peut être propriétaire, créancier, faire valoir ses droits en justice, etc.

(2) Nous ne reviendrons pas sur le conseil de préfecture. V. plus haut son organisation. Nous avons déjà dit qu'en matière administrative, son rôle consistait à donner au préfet des avis.

sions du Conseil général et de la Commission départementale. Il agit au nom du département en justice et dans tous les actes de la vie civile.

Le *Secrétaire général* que le Préfet peut déléguer pour le remplacer en cas d'absence est nommé par le gouvernement ; il a la garde des archives.

§ 2. **Conseil général.** — Les membres du *Conseil général* sont élus pour six ans (¹) au suffrage universel à raison d'un par canton. Les Conseils généraux ont chaque année *deux sessions ordinaires*, la première, de quinze jours au plus, commençant le deuxième lundi après Pâques, l'autre ouverte le lundi après le quinze août; c'est pendant cette session que le budget est voté et que les comptes sont rendus ; aussi peut-elle durer un mois. Le Conseil général *délibère* sur toutes les questions d'intérêt départemental, il surveille la gestion du préfet, il répartit entre les divers arrondissements le montant de l'impôt direct demandé au département. Sur certains points, les *délibérations* du Conseil général n'ont pas force par elles-mêmes; leur exécution peut être suspendue par le gouvernement, notamment quand elles ont trait aux questions financières et à celles où l'intérêt de l'Etat se trouve lié à celui du département. Le Conseil général peut encore émettre des *vœux* (²), donner au Préfet des *avis* ou présenter aux ministres des *réclamations*.

§ 3. **Commission départementale.** — Le Conseil général ne restant en session qu'un temps relativement restreint ne peut aider ou contrôler qu'insuffisamment le Préfet; aussi le Conseil général choisit-il chaque année parmi ses membres une commission permanente dite *Commission départementale*. Elle comprend de quatre à sept membres. Elle siège à la Préfecture une fois au moins par mois et toutes les fois qu'elle est convoquée par son président ou par le préfet. La Commission départementale statue sur les affaires qui lui sont renvoyées par le Conseil général; elle a en outre des attributions propres, notamment en matière financière où

---

(1) Ils sont renouvelés par moitié tous les trois ans.
(2) Les vœux purement politiques sont interdits.

elle contrôle la gestion du préfet et examine son projet de budget.

Section II

Arrondissement.

L'*arrondissement* n'est qu'une *subdivision territoriale*; il n'est pas une unité administrative autonome, car son administration n'est pas distincte de celle du département tout entier avec laquelle elle se confond. Il n'est pas non plus une personne morale, car il n'a aucun patrimoine propre. Néanmoins par chaque arrondissement on trouve un *sous-préfet* (¹) représentant l'administration active et un *Conseil d'arrondissement* représentant l'administration délibérante.

§ 1. Sous-préfet. — Comme les préfets, les *sous-préfets* sont nommés et révoqués par le Président de la République, sur la proposition du Ministre de l'Intérieur. Le sous-préfet est l'*agent du préfet* et l'intermédiaire entre ce dernier et les maires. Le sous-préfet n'a un pouvoir propre que dans les hypothèses assez rares où la loi le lui a attribué (²) ou lorsque le préfet lui a délégué ses pouvoirs en cas d'urgence.

---

(1) Sauf dans l'arrondissement, chef-lieu du département où le préfet remplit les fonctions de sous-préfet.

(2) *Ex.* en matière d'autorisation d'établissements dangereux et insalubres, ou de légalisation de certaines pièces. C'est le sous-préfet également qui délivre les passeports, les permis de chasse.

Les sous-préfets avaient leur utilité et leur raison d'être lors de leur création en l'an VIII, alors que les moyens de communication entre les communes et le chef-lieu manquaient pour ainsi dire ; aujourd'hui ils ne servent plus à grand chose. Aussi a-t-on déjà proposé de les supprimer. La Chambre des députés, le 3 décembre 1886, vota leur suppression, mais ce vote n'eut pas de suites. Des tentatives analogues se produisirent en 1887 et 1889, mais échouèrent. Du reste, il faudrait déplacer la question : ce n'est pas le sous-préfet qui est à supprimer, c'est l'arrondissement. En réunissant plusieurs de ceux-ci encore distincts, on éviterait des sous-préfets, des conseils d'arrondissement, des tribunaux inutiles. Les questions électorales empêchent malheureusement cette réforme d'aboutir.

§ 2. **Conseil d'arrondissement.** — Le Conseil d'arrondissement se compose d'autant de membres élus au suffrage universel qu'il y a de cantons dans l'arrondissement sans cependant que leur nombre puisse être inférieur à neuf. Il est comme le Conseil général renouvelable par moitié tous les trois ans. La principale attribution du Conseil d'arrondissement est de *répartir* entre les communes le contingent des contributions directes assigné à l'arrondissement par le Conseil général; il peut encore donner des *avis* et émettre des *vœux*.

SECTION III

Commune.

La *commune*, comme le département, est à la fois une *circonscription territoriale*, une *unité administrative* et une *personne morale* (¹). Au *maire* et à ses *adjoints* appartient l'administration active, au *conseil municipal* l'administration délibérante.

§ 1. **Maire et adjoints.** — Il y a dans chaque *commune* un *maire* et un ou plusieurs *adjoints*, tous *élus* au scrutin secret par le Conseil municipal parmi ses membres, et pour la même durée, c'est-à-dire quatre ans. Le maire et les adjoints peuvent être *révoqués* par décret du Président de la République; ils sont ensuite inéligibles aux mêmes fonctions pendant un an. Ils peuvent être *suspendus* pour trois mois par le ministre de l'Intérieur, pour un mois par le préfet. Les adjoints sont les *suppléants* du maire en cas d'absence ou d'empêchement de celui-ci qui peut en outre leur *déléguer* une partie de ses fonctions. Le maire agit tantôt comme *représentant des intérêts généraux* et agent ou délégué du gouvernement, tantôt comme *chef de l'association communale*. En la première qualité, le maire est officier de l'état-civil, il a certaines attributions en matière de recrutement,

---

(1) Il y a actuellement en France 36.175 communes tant rurales qu'urbaines et variant considérablement entre elles d'étendue ou de population.

de formation des listes électorales, de recouvrement des contributions, il est chargé de la publication et de l'exécution des lois et règlements dans la commune et y est le chef de la police. Il édicte à ce titre des *règlements* sanctionnés par une amende de simple police, mais qui peuvent être annulés ou suspendus par le préfet, mais non modifiés par lui. Comme *chef de l'association communale*, le maire, représentant légal de la commune considérée comme personne morale, administre ses biens. Mais tout acte important est soumis à l'approbation du Conseil municipal dont le maire ne fait plus alors qu'exécuter la décision. Le maire prépare et soumet au Conseil municipal le budget communal. Il passe des contrats avec des tiers; il représente la commune en justice. Il nomme à divers emplois communaux.

§ 2. **Conseil municipal.** — Le *Conseil municipal* se compose dans chaque commune de dix à trente-six membres, suivant la population, élus au scrutin de liste et au suffrage universel. Les conseils municipaux sont renouvelés intégralement tous les quatre ans. La *dissolution* d'un conseil municipal peut être prononcée par décret motivé du Président de la République rendu en conseil des ministres; en cas d'urgence, le Conseil municipal peut être *suspendu* par arrêté du Préfet, mais pour un mois seulement. En cas de dissolution d'un Conseil municipal ou de démission de tous ses membres, une *délégation spéciale* nommée par décret en remplit les fonctions. Ses pouvoirs sont temporaires; de nouvelles élections doivent avoir lieu dans les deux mois. Ses attributions sont restreintes aux actes d'administration conservatoires et urgents. Les Conseils municipaux ont *quatre sessions ordinaires*, en principe de quinze jours chacune, en février, mai, août et novembre. La session pendant laquelle est discuté le budget de la commune dure six semaines. Les séances sont *publiques*; cependant le Conseil peut se former en comité secret. Les Conseils municipaux ont, en principe, le droit de *délibérer* d'une manière valable sur toutes les affaires de la commune (¹); sur certaines

_____

(1) Néanmoins les délibérations ne deviennent exécutoires qu'un mois après avoir été déposées à la préfecture ou à la sous-préfec-

matières (patrimoine communal, voirie, finances communales), les *délibérations* du Conseil municipal ne valent qu'après approbation-expresse de l'autorité supérieure (¹).

Le Conseil municipal donne à l'administration des *avis* ; il peut émettre des *vœux*, mais sur les seules affaires d'intérêt local.

APPENDICE

La Ville de Paris et le département de la Seine.

Les règles de l'organisation communale ou départementale que nous venons de décrire ne sont pas applicables à la Ville de Paris ni au Département de la Seine (²).

Ville de Paris. — *L'action* n'est pas confiée à un maire unique élu, mais partagée entre deux préfets, le *préfet de la Seine* et le *préfet de police*, et des *maires* et *adjoints* nommés dans chaque arrondissement par décret (³). Le *Préfet de la Seine* est le véritable maire central de Paris pour toutes les matières d'administration autre que la police. Quant aux *maires*, il ne leur est réservé, outre les fonctions d'officier de l'état civil, qu'un rôle peu important en matières d'élections, de recrutement et de contributions. Le *Conseil municipal de Paris* comprend quatre-vingts membres élus au

---

ture ; pendant ce délai, elles peuvent être annulées par le préfet pour incompétence ou violation de la loi.

(1) Celle-ci est représentée en règle générale par le préfet seul ; quelquefois par le conseil de préfecture, ou le conseil général, ou la commission départementale, ou le ministre, ou le Président de la République, ou le pouvoir législatif.

(2) Le régime particulier auquel sont soumis Paris et le département de la Seine est justifié par la situation exceptionnelle de la capitale et de l'agglomération parisienne. L'État doit surveiller de plus près une administration qui régit une population si considérable et d'énormes intérêts. D'autre part, il y aurait un danger politique à laisser se constituer à côté des pouvoirs publics des pouvoirs locaux trop puissants.

(3) Ils ne peuvent être membres du conseil municipal.

scrutin uninominal à raison d'un par quartier. Ses pouvoirs sont fort réduits ; en principe, toute délibération a besoin de l'approbation du pouvoir central pour être valable.

Département de la Seine. — *L'action* est confiée au *Préfet de la Seine* et au *Préfet de police*, la *délibération* au *Conseil de Préfecture* (¹) et au *Conseil Général*. Le *Conseil Général de la Seine* comprend les quatre-vingts membres du Conseil municipal de Paris et vingt-et-un membres élus dans les arrondissements de Sceaux et de Saint-Denis, à raison d'un par canton. Presque toutes les délibérations du Conseil Général sont soumises à l'approbation de l'autorité supérieure. Il n'y a pas de Commission départementale dans le département de la Seine.

CHAPITRE CINQUIÈME

ORGANISATION FINANCIÈRE DE L'ÉTAT

Pour assurer le fonctionnement des services publics dont il a la charge, l'État est obligé à des dépenses considérables. Les recettes destinées à y faire face proviennent des impôts (²). L'impôt est ainsi la participation exigée de chaque contribuable aux dépenses publiques ; il doit être, nous le savons, consenti annuellement par les représentants du pays dans la *loi du budget.*

---

(1) Nous avons déjà indiqué son organisation.
(2) En dehors des impôts, l'État tire certains revenus de son domaine (exploitation des forêts) ou des bénéfices que peuvent réaliser certaines Administrations, telles que l'Administration des Postes, Télégraphes et Téléphones, celle des chemins de fer de l'État, la Monnaie, la Caisse nationale d'Épargne.

Il y a actuellement en France deux sortes d'impôts :

a) L'impôt direct réclamé nominativement et directement aux contribuables d'après l'extrait d'un registre appelé *rôle* ; il est encaissé par le *percepteur.*

b) L'impôt indirect qui frappe certains faits, comme les mutations de propriété ou bien certains objets de consommation comme le tabac, les boissons ; le contribuable n'acquitte cet impôt qu'indirectement et souvent sans même que l'Etat le connaisse.

SECTION I

Impôts directs.

Les impôts directs sont l'*impôt foncier*, l'*impôt personnel mobilier* qui comprend deux éléments (1° une taxe personnelle de 1 fr. 50 à 4 fr. 50 ; 2° une taxe mobilière fixée d'après la valeur locative de l'habitation personnelle), l'*impôt des portes et fenêtres*, établi sur les ouvertures des maisons et bâtiments d'habitation, l'*impôt des patentes*, qui frappe les commerçants et les industriels. L'*impôt foncier* est perçu sur les *terres* d'après leur revenu net. Toutes les propriétés de France figurent sur un état qui comprend le plan de chacune d'elles avec l'évaluation de son revenu : c'est ce qu'on appelle le *cadastre*. Le cadastre dont la confection a été décidée par une loi de 1807 a demandé près d'un demi-siècle pour être achevé. N'ayant pas été tenu au courant, ses indications se trouvent actuellement pour la plupart être en désaccord avec la réalité. Pour les *propriétés bâties*, on a prescrit en 1885 leur inventaire général sans plan avec l'évaluation de la valeur locative. L'impôt est maintenant calculé en quotité d'après cette évaluation.

Sont en outre assimilées aux contributions directes de nombreuses *taxes* accessoires: la *taxe des biens de main morte* (1), les taxes des *chevaux, voitures, mulets, billards, vélocipèdes*, la *taxe des cercles et lieux de réunions*. Certaines

---

(1) Elle est établie sur les immeubles des personnes morales pour remplacer les droits de transmission auxquels ces immeubles échappent.

taxes assimilées sont établies au profit des communes ; citons l'*impôt des prestations* pour l'entretien des chemins vicinaux et la *taxe sur les chiens*.

Parmi les impôts directs, les uns sont dits *de répartition*. Le montant total qu'ils doivent produire étant fixé d'avance et voté par les Chambres est réparti d'abord entre chaque département par la loi même du budget; le contingent est ensuite fixé pour chaque arrondissement par le Conseil général, pour chaque commune par le Conseil d'arrondissement et pour chaque contribuable par des commissions de répartiteurs. Sont impôts de répartition : l'impôt foncier sur les propriétés non bâties, l'impôt personnel et mobilier, l'impôt des portes et fenêtres. Les impôts *de quotité* sont ceux pour lesquels le fisc réclame au contraire un tant pour cent de la valeur imposable. Sont impôts de quotité l'impôt foncier sur les propriétés bâties, l'impôt des patentes et les taxes assimilées aux contributions directes.

Des suppléments de taxe sont perçus sur les contributions directes par l'addition à chaque franc en principal d'impôt de *centimes additionnels*. Les centimes additionnels forment la plus grosse part des ressources des départements et des communes. Chaque année l'administration des contributions directes établit les *rôles* ou listes de contribuables avec le montant des impôts à leur charge. Les rôles sont rendus exécutoires par le préfet et recouvrés par les percepteurs. Les réclamations des contribuables tendant à obtenir *décharge* ou *réduction*(¹) doivent être adressées dans les trois mois au sous-préfet; elles sont jugées par le Conseil de préfecture ; en appel le Conseil d'État est compétent.

Section II

Impôts indirects.

Ils peuvent être divisés en trois groupes à chacun desquels correspond une administration distincte :

---

(1) Sans contester le bien fondé du rôle, le contribuable peut, s'il se trouve dans une situation difficile, demander au préfet, puis au ministre des finances, une *remise* ou une *modération* de l'impôt.

1º Les droits sur les actes et mutations (droits d'enregistrement, de mutation, de timbre, etc.), perçus par la *Régie de l'enregistrement et du timbre* ;

2º Les droits sur différents objets de consommation (tabac, allumettes, boissons, sel, sucre) encaissés par la *Régie des contributions indirectes* ;

3º Les droits sur les marchandises importées que perçoit l'*Administration des douanes*.

§ 1. Impôts perçus par la Régie de l'Enregistrement et du Timbre.

a) **Droits d'enregistrement :** *L'enregistrement* est l'inscription sur des registres tenus à cet effet d'actes et faits juridiques. Les droits d'enregistrement qui sont tantôt fixes et tantôt proportionnels sont perçus soit à la confection de l'acte, soit au moment où il est produit en justice ;

b) **Droits de mutation :** Ils comprennent les impôts sur les *successions*, les *donations*, les *ventes*, les *échanges* ;

c) **Droits de timbre :** La plupart des actes sont soumis aux droits de *timbre* qu'on divise en timbres de dimension, timbres proportionnels et timbres spéciaux.

La Régie de l'enregistrement et du timbre est également chargée du recouvrement de l'*impôt sur les valeurs mobilières* et de l'*impôt sur les congrégations*. Le premier est un impôt sur le revenu ; il s'élève à 4 % des intérêts ou dividendes distribués. Les congrégations religieuses acquittent également une taxe de 4 % sur le revenu de leur biens, ce revenu étant estimé au vingtième, et, en outre, un *droit d'accroissement* (¹) représentatif des droits de mutation par décès que n'acquittent pas les congrégations.

§ 2. Impôts perçus par la Régie des contributions indirectes. — Établis sur les objets de consommation, ils se divisent en deux catégories : ceux qui résultent d'un *monopole* de l'État pour l'exploitation de la denrée imposée (monopoles des tabacs, des allumettes, des poudres) ; ceux qui laissent libre la fabrication des marchandises taxables

_____

(1) Ce droit est ainsi nommé, parce qu'il frappe ce dont s'accroît, au décès d'un congréganiste, la part de chacun dans la masse indivise.

en leur faisant seulement supporter un *droit de circulation* ou de *vente* (impôts sur les boissons, les sels, les sucres).

§ 3. **Revenus des douanes.** — *Les droits de douane* sont établis à l'importation des marchandises étrangères (¹). Ils sont perçus d'après deux tarifs : le *tarif général* et le *tarif minimum*, le premier étant de droit commun, le second applicable aux marchandises en provenance d'Etats favorables à l'importation des produits français. Les droits de douane actuels sont *spécifiques*, c'est-à-dire perçus au poids sans qu'on tienne compte des divers degrés de qualité d'une marchandise.

CHAPITRE SIXIÈME

LES PERSONNES ET LA FAMILLE

Tout être humain est une personne juridique, c'est-à-dire est capable d'avoir des *droits* et des *obligations*. Chaque personne est en possession de diverses qualités auxquelles sont attachés des effets juridiques. La réunion de ces qualités forme pour chaque personne ce qu'on appelle son « *état* » ou autrement dit détermine la place qu'elle occupe dans la société et la famille. L' « *Etat* » peut être envisagé à trois

---

(1) Les droits de douane présentent un double caractère ; ils peuvent n'être qu'un impôt proprement dit, une simple ressource fiscale, ou bien, au contraire, constituer une arme au service d'un système économique : le protectionnisme. Dans ce dernier cas, ils sont fixés de telle façon qu'ils protègent les producteurs nationaux contre la concurrence résultant pour eux de l'introduction de denrées étrangères. Notre système actuel de douanes a été largement inspiré par les idées protectionnistes.

points de vue : *politique, familial, individuel*. Au point de vue politique, l'état d'une personne est constituée par sa *nationalité* et la qualité de *citoyen* (¹) qu'elle peut ou non avoir. Au point de vue familial, une personne peut être *mariée* ou non (célibataire, veuve, divorcée) et si on l'envisage dans ses relations avec d'autres personnes, leur être unie ou non par les liens de la *parenté* ou de l'*alliance*. Au point de vue individuel, l'état d'une personne peut se trouver modifiée par son *âge* (minorité), son *état mental* (interdiction), par son *sexe* (incapacité de la femme mariée). Reprenons les deux premiers points de vue pour étudier : 1° la nationalité; 2° la constitution de la famille; 3° les actes de l'état civil.

SECTION I

La Nationalité.

La nationalité est le fait d'appartenir à une nation déterminée. Dans un État, il peut se trouver ainsi des *nationaux* ou des *étrangers*, c'est-à-dire des individus rattachés à une autre nation. Être Français, c'est appartenir à la nation française. La qualité de Français dérive de la *naissance* (²) ou s'acquiert par la *naturalisation*.

---

(1) La qualité de citoyen est l'aptitude à exercer les droits politiques.

(2) A quel fait doit-on rattacher la nationalité de naissance ou d'origine ? On peut se préoccuper exclusivement du lieu de naissance et dire : Est Français quiconque naît sur le sol français même de parents étrangers ; à l'inverse, est étranger celui qui naît en terre étrangère même de parents français. C'est le système du « jus soli » (droit du sol) qui fut un principe de la féodalité. On peut, au contraire, ne considérer que la filiation et dire : est Français quiconque naît de parents français n'importe où, et inversement, est étranger celui qui naît de parents étrangers même en France. C'est la théorie du « jus sanguinis » (droit du sang) qui fit son apparition au dix-septième siècle et à laquelle s'attacha le Code civil en 1804. Mais toutes nos lois postérieures et en particulier celle de 1889 qui règle actuellement la matière firent une part au premier système, dans le but de retenir un plus grand nombre d'individus comme nationaux.

Les manières, qui peuvent différer suivant les peuples, d'obl-

§ 1. Français de naissance. — Sont *Français de nais-sance* :

1° Tout individu né d'un Français en France ou à l'étran-ger (Code civil, art. 8, § 1). — S'il s'agit d'enfant légitime, il faudra que son père soit Français ; la nationalité de l'enfant suit toujours celle du père. Si l'enfant est naturel, ou bien il n'est pas reconnu pendant sa minorité, et alors il devient et reste Français par le seul fait de sa naissance en territoire français ; ou bien il est reconnu pendant sa minorité : *a)* est-ce par ses deux auteurs simultanément, il suit la natio-nalité du père ; *b)* est-ce par l'un d'eux seulement ou par les deux successivement, il prend la nationalité de celui à l'égard de qui sa filiation a été tout d'abord établie.

2° Tout individu né en France de parents inconnus ou dont la nationalité est inconnue (Code civil, art. 8, § 3).

3° Tout individu né en France de parents étrangers dont l'un y est lui-même né. Toutefois, si c'est la mère qui est née en France, l'enfant a le droit de décliner dans l'année qui suivra sa majorité la qualité de Français (¹) ; l'enfant naturel pourra, comme l'enfant légitime, décliner la qualité de Français quand le parent qui est né en France n'est pas

_____

sager la nationalité, rendent parfois beaucoup moins claire qu'elle ne semble cette question : quelle est la nationalité de tel individu. Un individu qui s'expatrie peut, dans le pays où il s'installe, être inscrit, par une sorte de naturalisation automatique, au nombre des citoyens, tandis qu'il peut encore se prévaloir de ses droits de citoyen dans son ancienne patrie. Cet homme a donc, en réalité, deux nationalités. L'une de ses nationalités peut être active, l'autre passive : sous la monarchie de Juillet, Louis-Napoléon Bonaparte était considéré par le gouvernement fédéral suisse comme citoyen suisse ; le gouvernement français le considérait comme sujet fran-çais, et demandait son expulsion du territoire fédéral. C'est ainsi qu'un Alsacien, citoyen français, peut être, en vertu des stipula-tions peu nettes du traité de Francfort, considéré comme sujet allemand par les autorités militaires allemandes, et soumis au ser-vice militaire allemand. L'action de son libre choix n'a pas réussi à éteindre l'action du droit international public. Tant qu'une con-vention internationale n'aura pas déterminé les conditions d'acqui-sition et de perte de la nationalité, de tels conflits seront possibles.

(1) Il doit en outre prouver qu'il a conservé la nationalité de ses parents par une attestation en due forme de son gouvernement, et si c'est un homme, qu'il a satisfait aux obligations militaires imposées par la loi de son pays.

celui dont il devrait, aux termes des distinctions précédentes, suivre la nationalité (Code civil, art. 8, § 4).

4° Tout individu né en France d'un étranger et qui, à l'époque de sa majorité, est domicilié en France, sauf le même droit d'option pour la nationalité étrangère aux conditions de l'hypothèse précédente.

§ 2. Français par naturalisation. — La naturalisation est l'admission d'un étranger au nombre des Français. Il y a trois sortes de naturalisations : *ordinaire, privilégiée, par réintégration.*

A. *La naturalisation ordinaire* s'obtient par décret. C'est une *faveur* que peut accorder ou refuser le gouvernement. Les conditions varient suivant quatre hypothèses : 1° l'étranger doit, après avoir obtenu l'autorisation de fixer son domicile en France, y résider trois ans (Code civil, art. 8, § 5, 1°); 2° le stage peut être réduit à un an en cas de services signalés rendus à la France (Code civ., art. 2, § 5, 3°), ou lorsque l'étranger a épousé une Française (Code civ., art. 8, § 5, 4°); 3° l'étranger qui n'a pas demandé l'autorisation de fixer son domicile en France doit justifier d'une résidence de dix années (Code civ., art. 8, § 5), 2°; 4° Il n'est besoin ni de stage ni de demande de fixation de domicile pour les descendants des familles proscrites lors de la révocation de l'édit de Nantes (art. 4, loi 26 juin 1889); de même, la femme et les enfants majeurs d'un étranger qui se fait naturaliser peuvent obtenir la naturalisation par le même décret qui l'accorde au chef de la famille.

B. — *La naturalisation privilégiée* est un *droit* pour l'étranger qui l'obtient en faisant une simple déclaration enregistrée au ministère de la Justice. Elle a lieu dans les quatre cas suivants : 1° Tout individu né en France d'un étranger et qui n'y est pas domicilié à l'époque de sa majorité pourra, jusqu'à l'âge de vingt-deux ans accomplis, déclarer vouloir fixer son domicile en France, et, s'il l'établit en effet dans l'année, réclamer la qualité de Français (Code civil, art. 9) (1); 2° Tout individu né en France ou à l'étranger

_____

(1) Quoiqu'en principe la naturalisation soit un droit pour l'étranger dans le cas de cet article, le gouvernement peut refuser l'enregistrement de sa déclaration pour cause d'indignité légale.

L'étranger devient Français sans la nécessité d'aucune déclara

de parents dont l'un a perdu la qualité de Français (¹) pourra réclamer cette qualité à tout âge, aux conditions précédentes, à moins que, domicilié en France et appelé sous les drapeaux lors de sa majorité, il n'ait revendiqué la qualité d'étranger (Code civ., art. 10); 3º La femme et les enfants majeurs d'un étranger qui est naturalisé pourront obtenir la qualité de Français sans condition de stage par simple déclaration (Code civ., art. 12); 4º La femme étrangère qui épouse un Français devient Française par ce seul fait (même art.).

G. La *naturalisation par voie de réintégration* qui a lieu par décret comme la naturalisation ordinaire ne s'applique qu'à des Français ayant perdu la qualité de Français et voulant la recouvrer. Elle a lieu dans trois cas : 1º La Française devenue étrangère pour avoir épousé un étranger peut, après la dissolution de son mariage par la mort du mari ou le divorce, recouvrer la qualité de Française avec l'autorisation du gouvernement, pourvu qu'elle réside en France ou qu'elle y rentre en déclarant qu'elle veut s'y fixer (art. 19, Code civ.); 2º Le Français qui a perdu sa nationalité pour naturalisation à l'étranger, répudiation de la qualité de Français dans les cas prévus par la loi, conservation de fonctions publiques à l'étranger malgré l'injonction du gouvernement français de les résilier, peut redevenir Français en rentrant en France et en obtenant un décret de réintégration; 3º Quant à celui qui a perdu la qualité de Français pour avoir pris du service militaire à l'étranger sans autorisation du gouvernement, il est assimilé à l'étranger et doit remplir les conditions imposées pour l'obtention de la naturalisation ordinaire. Il ne peut même rentrer en France qu'en vertu d'une permission accordée par décret.

Pour les *effets* de la naturalisation, il y a une distinction à établir entre la naturalisation ordinaire et privilégiée, d'une

tion si ayant été porté sur le tableau de recensement, il prend part aux opérations de recrutement sans opposer son extranéité.

(1) On perd sa qualité de Français par sa répudiation dans les cas prévus par la loi, par la naturalisation à l'étranger, ou la conservation de fonctions publiques étrangères malgré l'injonction du gouvernement français de les résilier, par la prise de service militaire à l'étranger sans autorisation préalable. Il faut ajouter pour les femmes, par le mariage avec un étranger.

part, et la naturalisation par réintégration, d'autre part. Les Français qui recouvrent cette qualité après l'avoir perdue, acquièrent immédiatement, et cela est logique, tous les droits civils et politiques, même l'éligibilité aux assemblées législatives. Les deux autres sortes de naturalisation, au contraire, ne confèrent cette éligibilité que dix ans après le décret de naturalisation, à moins qu'une loi spéciale n'abrège ce délai.

Le délai pourra être réduit à un an (Loi 26 juin 1889, art. 3).

SECTION II

La Famille. — Le Mariage.

§ 1. **La Famille, la Parenté, l'Alliance.** — Le mot famille a deux acceptions : tantôt il comprend toutes les personnes unies par la *parenté* ou l'*alliance*, tantôt, dans un sens plus restreint, il ne désigne que les parents vivant ensemble sous l'autorité du chef de la maison (1).

---

(1) A l'origine, ces deux significations se confondaient ; la famille, depuis, a toujours été se fragmentant jusqu'à se réduire, dans nos temps modernes, aux père et mère et aux enfants vivant encore avec eux.

Outre cette évolution, la famille en a poursuivi une plus remarquable encore vers plus de liberté et de garanties accordées à chacun de ses membres.

Si l'on part de notre ancien droit, on le voit rompre — tout au moins dans les provinces coutumières — avec la dure conception romaine de la puissance paternelle (*patria potestas*) qui s'imposait jusqu'au décès du chef de famille à tous ses descendants. C'est ensuite le droit révolutionnaire qui, n'admettant plus l'indissolubilité du mariage, — règle qu'avait fait établir l'Eglise — empêche qu'il soit fait échec à la liberté individuelle. C'est de nos jours, enfin, le mouvement d'opinion contre l'autoritarisme du chef de famille sanctionné par le Code civil. On proclame pour l'enfant le droit à la protection, l'autorité paternelle étant bien plutôt considérée comme une charge que comme un droit, et établie ainsi que la tutelle dans l'intérêt de l'enfant, mouvement qui se traduit déjà dans de nombreuses lois dont les plus importantes sont celles du 24 juillet 1889 sur la protection des enfants maltraités ou moralement abandonnés et du 19 avril 1898 sur la répression des voies de fait et attentats commis contre les enfants. La femme réclame dans le mariage

La *parenté* est le lien qui unit deux personnes dont l'une descend de l'autre ou qui descendent d'un auteur commun (¹). Dans le premier cas, il y a *parenté directe*, dans le second, *parenté collatérale*. La série des parents qui descendent l'un de l'autre s'appelle une *ligne* ; suivant qu'on remonte ou qu'on descend la série des générations à partir d'une personne, on se trouve en présence de ses *ascendants* ou de ses *descendants*. La parenté entre deux personnes se compte par *degrés*, c'est-à-dire par *générations*. Pour la parenté collatérale, on compte les degrés dans chaque ligne partie de l'auteur commun et on les additionne. La parenté crée des *droits*, des *obligations*, et des *incapacités*. Les droits sont : a) ceux des parents sur la personne et les biens de leurs enfants ; b) le droit de succession ; c) celui de réclamer des aliments. Les obligations sont : a) pour les parents, celle d'élever leurs enfants ; b) celle d'être tuteur ou membre d'un conseil de famille ; c) pour les enfants, le devoir de fournir des aliments aux parents dans le besoin. Parmi les incapacités, citons notamment les empêchements au mariage entre proches parents.

L'*alliance* est le lien qui à la suite du mariage s'établit entre chaque époux et les parents de l'autre. L'alliance emprunte à la parenté ses lignes et ses degrés. Ainsi le mari devient allié au premier degré en ligne descendante des père et mère de sa femme. Dans l'usage, on désigne chaque allié par le nom du parent du même degré précédé de l'épithète « *beau* » ou « *belle* » : ex : beau-père, belle-sœur. Les effets

---

l'égalité et l'indépendance. Elle s'attaque à la puissance maritale, au devoir d'obéissance qui en résulte pour elle et à l'incapacité qui la frappe de disposer de ses biens sans autorisation du mari. Comme résultats législatifs auxquels elle soit arrivée, on ne peut guère citer que la loi du 6 février 1893 qui l'a soustraite à l'incapacité pour le cas de séparation de corps, et l'art. 6 de la loi du 9 avril 1881 qui permet aux femmes mariées d'obtenir un livret de caisse d'épargne, d'opérer des dépôts et même des retraits de fonds sans autorisation du mari. Encore cette loi n'est-elle une atteinte à l'autorité maritale que grâce à l'interprétation pratique qu'en ont faite les caisses d'épargne !

(1) A côté de cette parenté naturelle qui dérive de la naissance, la loi a consacré une parenté fictive qui résulte de l'adoption. A la parenté adoptive sont attachés quelques-uns des effets de la parenté naturelle.

de l'alliance sont réduits à l'obligation alimentaire et à l'empêchement au mariage entre certains alliés.

§ 2. Le mariage. — La famille a sa source dans le **mariage** (1). Le mariage, c'est l'union de l'homme et de la femme en vue d'associer leurs vies et de fonder une famille nouvelle. Le mariage est dans notre droit un *contrat civil* dont la forme, les conditions et les effets sont réglés par la loi civile. Le mariage religieux ne peut avoir lieu qu'après la célébration du mariage par l'officier de l'état civil.

A. Conditions du mariage. — Le mariage est un acte très important pour l'individu ; il intéresse, d'autre part, la famille des deux époux et la société tout entière. Aussi est-il soumis à diverses conditions. Les futurs époux doivent avoir un certain *âge*, être munis de l'*autorisation familiale* et donner leur *consentement* au mariage. Il faut en outre qu'ils ne soient dans aucun des cas d'*empêchement* prévus par la loi. Le mariage enfin ne peut valablement s'accomplir sans une certaine *publicité*. Reprenons ces conditions.

1. *Age.* — L'homme avant dix-huit ans révolus, la femme avant quinze ans révolus ne peuvent contracter mariage (Code civil, art. 144). Pour des motifs graves, des *dispenses* peuvent cependant être accordées par le Président de la République.

2. *Autorisation familiale.* — Avant vingt-cinq ans pour l'homme et vingt-et-un pour la femme, les enfants ne peuvent se marier sans le consentement de leurs père et mère, ou si ceux-ci sont morts, des ascendants. En cas de dissentiment, le consentement du père dans la première hypothèse, d'un aïeul dans la seconde est suffisant (art. 148, 149, 150). Lorsque le fils ou la fille ont atteint l'âge ci-dessus fixé, ils peuvent, si les parents refusent d'autoriser le mariage, « demander par acte respectueux et formel » leur conseil, et, à défaut de consentement sur l'*acte respectueux*, passer outre, un mois après, à la célébration du mariage (art. 151). S'ils n'ont aucun ascendant, homme et femme ont pleine capacité

---

(1) *L'adoption* peut également créer une famille, mais ce n'est que par fiction légale, tandis que le mariage crée une famille naturelle.

pour se marier dès l'âge de 21 ans qui est celui de la majorité ordinaire ; avant cet âge, l'autorisation d'un conseil de famille est nécessaire.

3. *Consentement des époux.* — Il consiste en une déclaration faite par les époux devant l'officier de l'état civil.

4. *Absence d'empêchements au mariage.* — Les principaux empêchements au mariage sont l'existence d'un mariage antérieur, la parenté (en ligne directe indéfiniment, en ligne collatérale jusqu'au troisième degré inclus) et l'alliance (en ligne directe indéfiniment ; jusqu'au deuxième degré en ligne collatérale).

5. *Publicité.* — La publicité du mariage est triple : certaines formalités sont antérieures à la célébration ; telles sont les *publications* ou annonces publiques du mariage faites deux dimanches successifs par l'officier de l'état civil dans les communes où sont domiciliés chacun des deux époux et les personnes dont le consentement est nécessaire. Le mariage ne pourra être célébré avant le troisième jour suivant la seconde publication. D'autres formalités sont concomitantes à la célébration : ainsi celle-ci doit être faite par *l'officier de l'état civil* du domicile de l'une des deux parties en présence de quatre *témoins*, deux pour chaque époux, l'accès du lieu de célébration devant être permis au public. Il y a enfin une publicité postérieure dans *l'acte de mariage* que l'officier de l'état civil doit rédiger et qui doit contenir les noms et prénoms des époux, leur âge, leur profession, leur domicile et relater l'accomplissement des formalités requises par la loi ; cet acte est lu aux époux et signé par eux, ainsi que par les témoins et l'officier de l'état civil.

Si l'une quelconque des conditions requises pour le mariage ne se trouvait pas remplie par les futurs époux, la loi permet à toute personne d'en donner avis officieux à l'officier de l'état civil, et confère même aux ascendants et, dans certains cas aux collatéraux, le droit de *s'opposer* au mariage. L'officier de l'état civil doit surseoir à la célébration jusqu'à ce qu'un jugement (1) ait prononcé la main-levée de *l'opposition*. L'acte d'opposition devra — à moins qu'il ne soit fait à la requête d'un ascendant — être

_____

(1) Il doit intervenir dans les dix jours de la demande en main-levée.

motivé, et s'il est rejeté, les opposants, autres néanmoins
que les ascendants, pourront être condamnés à des dommages-
intérêts.

B. **Effets du mariage.** — Le mariage donne à la femme
le nom et la situation du mari, il crée l'alliance entre chaque
époux et les parents de l'autre, il est la source de la parenté
entre les père et mère et leurs enfants, entre les enfants eux-
mêmes. Il impose aux époux des devoirs communs et des
devoirs réciproques. Les époux se doivent mutuellement
fidélité, secours, assistance (art. 212). Le mari doit protection à sa femme, la femme obéissance à son mari (art. 213).
Le mari est libre de fixer son domicile où il lui plaît et la
femme doit le suivre ; d'autre part, le mari est tenu de recevoir sa femme et de lui fournir tout ce qui lui est
nécessaire à son entretien selon la condition sociale du mé-
nage.

C. **Dissolution du mariage.** — La dissolution du mariage qui rompt le lien unissant les deux époux et en fait
cesser les effets a lieu par la mort de l'un d'eux ou le
divorce (¹). La rupture du mariage du vivant des deux époux
par le divorce n'est admise que pour des causes déterminées
(adultère, excès ou sévices, injures graves, condamnations
criminelles). Le divorce rend pour l'avenir les époux libres
et indépendants l'un de l'autre sans aucun droit ou devoir
réciproque : la femme cesse de porter le nom de son mari.
L'obligation alimentaire subsiste toutefois au profit de l'époux
qui a obtenu le divorce s'il est sans ressources assurant sa
subsistance. Le divorce ne rompt pas le lien qui unissait les
parents à leurs enfants ; aussi l'obligation alimentaire, le
droit de successibilité continuent-ils de subsister avec le
caractère de réciprocité entre les enfants et leurs père et
mère divorcés. Ceux-ci conservent même en principe le droit
de puissance paternelle, mais ils peuvent en voir l'exercice
modifié (²).

---

(1) Le divorce interdit par l'ancien droit sous l'influence de
l'Eglise, rétabli par les lois révolutionnaires et le Code civil, fut
supprimé en 1816, puis réintroduit dans notre législation par la
loi du 19 juillet 1884.
(2) Voir Code civil, art. 302-304.

Sans être rompu, le lien du mariage peut seulement être relâché par la séparation de corps. Toutes autres obligations que celles de la vie commune subsistent entre les époux qui sont toujours mariés.

SECTION III

Actes de l'état civil.

On appelle **actes de l'état civil** tous ceux qui servent de preuve de l'état des personnes: actes de naissance, de mariage, de décès, décret d'adoption, de naturalisation, jugement de divorce; mais communément on ne vise par cette expression que les actes de naissance, de mariage et de décès.

Trois ordres de personnes concourent à leur rédaction : l'*officier de l'état civil*, les *parties* ou leurs représentants, les *témoins*. L'officier de l'état civil, chargé de dresser et de conserver les actes de l'état civil ainsi que d'en délivrer des copies est pour chaque commune le maire (Loi 5 avril 1884) ; l'officier de l'état civil n'a qu'une *compétence territoriale*, c'est-à-dire qu'il ne peut recevoir valablement des actes que sur le territoire de sa commune. Les personnes que les actes concernent peuvent faire elles-mêmes à l'officier de l'état civil les déclarations nécessaires — on les appelle en ce cas *comparants* — ou se faire représenter par des fondés de pouvoirs ; il n'y a que le mariage où la comparution des parties soit obligatoire. Sont dits *déclarants* ceux qui font connaître à l'officier de l'état civil les faits à enregistrer lorsque la personne dont il s'agit ne peut le faire elle-même. Les témoins certifient l'identité des parties ou des déclarants, l'exactitude de leurs déclarations, et vérifient la conformité de ces dernières avec l'acte rédigé. La loi exige deux témoins pour les actes de naissance, quatre pour les mariages. Pour les actes de décès, les témoins se confondent avec les déclarants. La seule qualité requise des témoins est l'âge de 21 ans; ainsi peuvent être témoins dans les actes de l'état civil : les femmes (Loi du 7 décembre 1897 (1),) les étrangers, les parents des parties.

Les actes de l'état civil sont écrits sur des *registres* ; leur inscription sur des feuilles volantes est prohibée par la loi. Les registres ne sont pas à la disposition des particuliers, mais ceux-ci peuvent obtenir copie d'un acte quelconque ; cette copie s'appelle *extrait*. Les registres, un ou trois, selon l'importance de la commune sont tenus en double. Une fois l'année écoulée et les registres clos, l'un des doubles est déposé aux archives de la mairie, l'autre au greffe du tribunal civil de l'arrondissement.

Disons quelques mots des règles particulières applicables aux actes de naissance et de décès, comme nous l'avons fait plus haut pour les actes de mariage. La *naissance* d'un enfant doit être déclarée dans les trois jours suivants ; cette obligation sanctionnée par la loi pénale pèse sur le père et toutes les personnes qui ont assisté à l'accouchement. L'enfant devrait, aux termes du Code civil, être présenté à l'officier de l'état civil ; mais, en pratique, la naissance est constatée sur place par un médecin qui est, selon les lieux, celui de la famille ou un médecin spécial. L'acte de naissance énoncera le jour, l'heure et le lieu de la naissance, le sexe de l'enfant et les prénoms qui lui seront donnés, les prénoms, nom, profession et domicile des père et mère et ceux des témoins.

Le *décès* doit être déclaré à l'officier de l'état civil par deux personnes, autant que possible par les deux plus proches parents du défunt. Aucune inhumation ne peut avoir lieu que vingt-quatre heures après et sur permis délivré par l'officier de l'état civil ; celui-ci, aux termes de la loi, devrait s'assurer lui-même du décès, mais, en fait, il délègue un médecin. Le même acte contiendra de plus, autant qu'on pourra le savoir, les prénoms, nom, profession et domicile des père et mère du décédé, et le lieu de sa naissance.

_____

(1) Toutefois le mari et la femme ne pourront point être témoins dans le même acte. — Pour les actes notariés, les parents des parties sont exclus ainsi que les étrangers.

TABLE

Bar-le-Duc. — m^e Comte-Jacquet, Facdouel, dir.